STÄRKE

DIE

UNTERNEHMERIN

IN DIR!

Mit dem richtigen Mindset vom Traum zum Traum-Business.

SUSANNE KLEIN

Bibliografische Information der Deutschen Nationalbibliothek

Die Deutsche Nationalbibliothek verzeichnet diese Publikation in der Deutschen Nationalbibliografie; detaillierte bibliografische Daten sind im Internet über http://dnb.dnb.de abrufbar.

eBook: ISBN 978-3-949277-00-9
Print: ISBN 978-3-949277-01-6
ePDF: ISBN 978-3-949277-02-3
Audio: ISBN 978-3-949277-03-0

Stärke die Unternehmerin in dir! – Susanne Klein
1. Auflage, 2021

© 2021 Susanne Klein, Bergisch Gladbach
www.susanneklein.coach
susanne@susanneklein.coach

Umschlaggestaltung: Cutting Edge Studio
Bildnachweis (Cover): Shutterstock, Depositphotos

Lektorat: Birgit Lambert, Bornheim
Grafiken: Susanne Klein, Bergisch Gladbach; Shutterstock

STÄRKE
DIE
UNTERNEHMERIN
IN DIR!

Mit dem richtigen Mindset vom
Traum zum Traum-Business.

DEIN WORKBOOK

Dieses Workbook unterstützt dich dabei, die vielen Anregungen, Übungen und Reflexionsfragen aus dem Buch für dich zu bearbeiten und dir bewusst zu machen.

Nutze die Gelegenheit und lade es dir gleich jetzt kostenlos herunter unter: www.susanneklein.coach/starke-unternehmerin

„Unsere tiefste Angst ist nicht die, dass wir unzulänglich sind.
Unsere tiefste Angst ist die, dass wir über die Maßen machtvoll sind.
Es ist unser Licht, nicht unsere Dunkelheit, das uns am meisten er-
schreckt.

Wir fragen uns: Wer bin ich denn, dass ich so brillant, großartig,
talentiert, fabelhaft sein sollte? Aber wer bist du denn, dass du es
nicht sein solltest? [...]

Wenn wir unser eigenes Licht leuchten lassen, erlauben wir auch
unbewusst anderen Menschen, das Gleiche zu tun. Wenn wir von
unserer eigenen Furcht befreit sind, befreit unsere Gegenwart automatisch auch andere."[1]
Marianne Williamson

---

[1] Williamson, Marianne: Rückkehr zur Liebe: Harmonie, Lebenssinn und Glück durch "Ein Kurs in Wundern", München: Goldmann, 2016, S. 201.

Für meine Mädchen!

Inhaltsverzeichnis

Dieses Buch ist für dich …

… wenn du dich schon lange mit dem Gedanken trägst, deine Festanstellung aufzugeben, um dich endlich selbstständig zu machen. Auch wenn dir der jetzige Job vielleicht sogar sehr viel Spaß macht und du die Sicherheit des geregelten Einkommens sehr zu schätzen weißt, spürst du den unbändigen Drang in dir – es muss sich was ändern!

Doch du kennst auch die nagenden Selbstzweifel. Bin ich gut genug? Reicht, was ich kann? Braucht überhaupt jemand mein Angebot? Kann ich einen Mehrwert für andere stiften? Will ich den Sprung wirklich wagen? Ist das Risiko nicht zu groß? Was ist, wenn ich mich verschulden muss? Kann und will ich die Verantwortung tragen? Kann ich mich und mein Angebot auch verkaufen?

Dieses Buch hilft dir, solche Gedankenkarussells zu stoppen und hinderlichen Gewohnheiten auf die Schliche zu kommen. Du erfährst, wie du sie dir bewusst machen und dann aktiv zum Positiven wenden kannst. Und du erfährst Schritt für Schritt, was dich wirklich antreibt, wie du in Zukunft noch erfolgreicher, noch zufriedener und nebenbei auch noch gesünder wirst:

- ❑ Du erkennst, wie wichtig deine innere Einstellung für deinen Erfolg ist und lernst, dass du deine Haltung aktiv zu deinem Wohl beeinflussen kannst.
- ❑ Du gehst der Frage nach, was für dich wirklich bedeutsam ist, wie du einen sinnvollen Beitrag leisten kannst, und du lernst, deinen Fokus zu halten.
- ❑ Du erhältst durch Fremd- und Selbsteinschätzung einen realistischen Blick auf deine Stärken und findest einen hilfreichen Umgang mit deinen Schwächen.
- ❑ Du näherst dich dem Thema Energiemanagement von ganz unterschiedlichen Seiten und machst dir bewusst: Was gibt dir Energie und was raubt sie dir?
- ❑ Du verbesserst deine Beziehungen und lernst, warum Selbst-Mitgefühl die wichtigste Grundlage für gelingende Beziehungen ist.

In dieses Buch sind viele wissenschaftliche Erkenntnisse der Positiven Psychologie mit eingeflossen. Die relativ junge Wissenschaft interessiert sich dafür, was ein gelingendes Leben ausmacht: Was haben die Menschen gemeinsam, die von sich behaupten, ein zufriedenes und erfolgreiches Leben zu führen? Und was können wir von ihnen lernen? Was können wir verändern, um unserem Lebenstraum näher zu kommen?

In meinen Trainings und Webinaren konnte ich immer wieder beobachten, welche Kraft die vorgestellten Übungen und Reflexionsaufgaben entfalten. Voraussetzung ist allerdings, den einzelnen Übungen auch wirklich eine Chance zu geben. Manche erfordern nur ein paar Minuten deine Aufmerksamkeit, andere probierst du über einen längeren Zeitraum aus und – wenn sie dir guttun – behältst du sie am besten auch anschließend bei. Denn wenn du dazu bereit bist, entwickelst du ein Mindset, mit dem du Schritt für Schritt deinem Lebenstraum näherkommst. Das verspreche ich dir.

Deine Gewohnheiten zu ändern braucht natürlich Zeit, Ausdauer und vor allem gute Gründe! Ein guter Grund ist: Du trägst eine wundervolle Geschäftsidee in dir und bist überzeugt, damit vielen Menschen bei ihren Problemen helfen zu können. Und du weißt, dass es das ist, was du für dein Leben gern tun möchtest!

Klar, da draußen gibt es jede Menge Mitbewerber! Das Angebot ist groß. Doch bin ich mir auch sicher, dass du in deiner Nische schon Angebote wahrgenommen hast, von denen du dachtest: „Das kann ich besser!" oder „Das sind unangemessene Preise!" Ist es da nicht egoistisch von dir, dein Angebot weiterhin zurückzuhalten? Das wäre ungefähr so, als wärest du ein Rettungsschwimmer und würdest einem Ertrinkenden nicht helfen, weil du denkst: „Ach, ich weiß nicht! Es gibt so viele bessere Rettungsschwimmer als mich. Das sollen mal die anderen machen."

Warum also nicht gleich heute die ersten Schritte wagen? Worauf wartest du noch?

Stärke die Unternehmerin in dir!

Vertraue darauf – Es gibt keinen falschen Weg!

Wie lange habe ich gesucht! Wie viel habe ich ausprobiert! Es gab Zeiten, da habe ich sehr über meine Arbeit geschimpft – und mich gefragt: „Was ist eigentlich meine Berufung? Was will ich mit meinem Leben anfangen? Welche Arbeit würde mich glücklich machen?" Und dann war da noch meine Angst vor Fehlern, vor Gesichtsverlust und mein übergroßes finanzielles Sicherheitsbedürfnis.

Auch wenn sich mein Lebenslauf im Rückblick jetzt doch recht eindrucksvoll liest: Es war unterwegs nicht immer einfach für mich. Schwer zu sagen, wie mein Leben heute aussähe, hätte ich all das Wissen, das jetzt in diesem Buch steckt, schon zu Beginn meiner Karriere gehabt, und wäre ich schon eher über meinen Schatten gesprungen, um mich selbstständig zu machen!

Bei meinem BWL-Diplom-Abschluss war ich schon mit meiner wundervollen Tochter Pia schwanger, und das Geld war zu der Zeit richtig knapp für uns. Als meine Eltern erfuhren, dass sie Großeltern würden, stellten sie völlig überraschend und unerwartet ihre Unterhaltszahlungen für mich ein. Ihre Einstellung war: „Wenn ihr eine Familie gründen könnt, dann braucht ihr unsere finanzielle Unterstützung nicht mehr."

Schluck! Plötzlich erwachsen? Ein Säugling zu Hause, keine finanzielle Unterstützung der Eltern, kein Job! Pias Vater verdiente zwar als Unternehmer schon gutes Geld. Trotzdem bot er mir nicht die Art finanzieller Sicherheit, die ich damals zu meiner Beruhigung gebraucht hätte. Zudem wollte ich unter allen Umständen finanziell unabhängig sein. Was passt da besser, als sich verbeamten zu lassen? Als einer der letzten Jahrgänge hatte ich das große Glück, bei der Deutschen Telekom (damals noch keine AG) Beamtin auf Lebenszeit zu werden. Meine finanzielle Unabhängigkeit war damit gesichert, mein großes Sicherheitsbedürfnis befriedigt.

Dieser sichere Arbeitsplatz war ein hohes Gut. Besonders in Zeiten hoher Arbeitslosigkeit wurde ich oft darum beneidet. Und natürlich gab man in "meiner Welt" so einen Status nicht einfach auf. Dennoch haderte ich oft damit. Irgendwie fühlte ich mich meiner persönlichen Entfaltungsmöglichkeiten beraubt und buchstäblich an das Unternehmen gekettet. Ich dachte zwar immer mal wieder darüber nach, den sicheren Job für andere berufliche Optionen aufzugeben, aber ich konnte es nicht; ich hatte einfach Angst. Gefühlt steckte ich fest.

Ja, ja, ich weiß! Das ist natürlich Jammern auf hohem Niveau. Zumal mir die Telekom richtig viele Chancen bot, mich persönlich weiterzuentwickeln. Finanzen und Controlling, Marktkommunikation, PR, interne Beratung, Training, Change Management und interner Coach – das sind einige meiner Stationen in den knapp 30 Jahren Berufserfahrung bei <u>einem</u> Arbeitgeber!

Und: Seit 2006 konnte ich meine jeweiligen Chefinnen und Chefs immer wieder davon überzeugen, mir meine nebenberufliche Existenz als systemischer Coach zu genehmigen. Dafür bin ich sehr dankbar! Sozusagen das Beste aus beiden Welten. Für mich persönlich war das auch gleichzeitig der einzig mögliche Weg, mir meinen Traum zu erfüllen. Ich brauchte die Sicherheit der Festanstellung. Ohne die hätte ich mich nicht getraut.

Beides unter einen Hut zu bekommen war oft eine große Herausforderung. Wenn die Zeit knapp wurde und mein Energielevel nicht für beides reichte, litt im Zweifel eher mein Coaching Business darunter. Aus Erfahrung kann ich sagen: Zweigleisig zu starten, war zu Beginn genau das Richtige für mich. Doch dann kam irgendwann der Zeitpunkt, an dem eine Entscheidung getroffen werden musste: Ich fühlte mich als Pilotin in meinem Heißluftballon. Alles was ich benötigte, hatte ich an Bord. Der Ballon war schon gut gefüllt und bereit abzuheben. Als Letztes waren jetzt nur noch die Leinen zu lösen – die Fahrt in die hundertprozentige Selbstständigkeit begann.

Als ich an „Höhe gewann", hieß es vor lauter Begeisterung plötzlich nur noch „selbst" und „ständig". Da war es wichtig, mir meiner Grenzen bewusst zu werden, auf mein Energielevel zu achten und meinem Körper und Geist Gutes zu tun. Was mir auf meinem Weg am meisten geholfen hat, habe ich in diesem Buch zusammengetragen.

Der Schritt in die Selbstständigkeit erfordert viel Mut, Klarheit, Ausdauer und ein unterstützendes soziales Umfeld. Doch dann fühlt es sich so gut und richtig an, die ganze Aufmerksamkeit auf die eigene Geschäftsidee zu lenken. Mit jedem Erfolg, jedem neuen Kunden und jeder gemeisterten Herausforderung habe ich das Gefühl, förmlich über mich hinaus zu wachsen.

An welcher Stelle deiner beruflichen Entwicklung du auch gerade stehst, vertraue darauf: Es gibt keinen falschen Weg! Jeder Schritt, jede Entscheidung, jeder Fehler bringt dich in deiner persönlichen Entwicklung weiter. An jeder Stelle deines Lebens hast du es in der Hand, dich aktiv neu zu orientieren. Ich bin fest davon überzeugt, dass du umso glücklicher und erfolgreicher wirst, je besser du weißt, was du in deinem Leben erreichen möchtest. Dieses Buch wird dich dabei unterstützen, das herauszufinden und es dann auch konsequent anzugehen.

Dabei wünsche ich dir von Herzen viel Glück und Erfolg!

Deine

Susanne Klein

Was macht ein zufriedenes Leben aus?

„Auch hinter teuren Gardinen werden bittere Tränen geweint“, gab uns unsere Oma oft zu bedenken, wenn wir mit dem, was wir hatten, unzufrieden waren und neidisch auf andere schielten. So richtig vorstellen konnte ich mir das damals nicht. Den reichen Leuten fehlte es doch an nichts. Worüber sollten sie unglücklich sein?

Wenn ich heute tief in mich hineinhorche, kann ich Audrey Hepburn nur aus ganzem Herzen zustimmen. Ich schaffe mir immer wieder Gelegenheiten, in denen ich glücklich und zufrieden sein kann. Und auch Oma hatte Recht: Geld allein ist kein Garant für Glück. Denn dass, was mich wirklich glücklich macht, kostet fast kein Geld.

Auch wenn ich sehr gerne allein bin, bin ich am allerglücklichsten, wenn mein Mann und ich mit unseren Töchtern, deren Partnern und unseren Enkeln die Zeit verbringen können. Wir reden, essen, spielen und lachen gerne miteinander und da ist dann so viel los, dass für mich alles andere in den Hintergrund tritt. Da spielt finanzieller Reichtum eine eher untergeordnete Rolle.

Ich genieße auch unseren wöchentlichen Stammtisch und die Urlaube mit unserem Freundeskreis sehr. Wir kennen uns jetzt schon über 20 Jahre und sind miteinander durch viele Höhen und Tiefen gegangen. Wenn es hart auf hart kommt, weiß ich, dass ich mich auf jeden Einzelnen zu 100 Prozent verlassen kann.

Im Job bin ich immer dann besonders glücklich, wenn ich eigenverantwortlich auf ein klares Ziel hinarbeiten kann, wenn scheinbar Unmögliches möglich wird, und wir als eingespieltes Team etwas Konkretes auf die Beine stellen können: einen Workshop, einen Messeauftritt, ein Print-Magazin … Mir macht es immer wieder viel Spaß, etwas Neues auszuprobieren und daran zu wachsen.

Klar, es gibt immer wieder Zeiten, in denen ich nicht tun kann, was mich am glücklichsten macht. Dann stellt sich die Frage, wie gehe ich damit um? Lasse ich mir die Laune verderben oder schaffe ich es, das Licht am Ende des Tunnels zu erkennen? Fange ich an zu schimpfen und zu lästern oder gebe ich mir einen Ruck und ändere, was zu ändern ist? Gebe ich auf, wenn mir etwas nicht auf Anhieb gelingt, oder bleibe ich dran?

Ich glaube, unser Leben gelingt dann besonders gut, wenn wir einen guten Umgang mit den Dingen finden, die uns aus der Bahn werfen können; wenn wir erkennen, welche Einflussmöglichkeiten wir selbst haben; wenn wir lernen, schneller auch das Gute im Schlechten wahrzunehmen, die Chancen zu sehen. Und wir brauchen Menschen, die zu uns halten, die uns den Rücken stärken und uns wieder aufhelfen, wenn wir gefallen sind.

Sich verbunden fühlen und wachsen dürfen – zwei essentielle Grundbedürfnisse

Die stärkste Verbindung, die wir je zu einem Menschen hatten, ist die zu unserer Mutter, noch als Baby im Bauch: Über die Nabelschnur wurden wir mit Nahrung versorgt, der Bauch schützte und wärmte uns, und wir waren geborgen. Bis es uns nach neun Monaten zu eng wurde und es uns hinausdrängte. Wir gaben diese starke, vertraute Verbindung auf, um zum ersten Mal in unserem Leben quasi über uns hinaus zu wachsen und das Licht der Welt zu erblicken. Auch in den ersten Lebensmonaten ist die enge Verbindung zu unserer engsten Bezugsperson für uns überlebenswichtig. Aus dieser Sicherheit heraus beginnen wir, die Welt zu erkunden, unseren Radius zu erweitern, unsere Fähigkeiten zu entwickeln und zu wachsen.

Um uns wirklich wohlzufühlen und glücklich zu sein, brauchen wir unser Leben lang beides: Wir müssen uns verbunden fühlen und zugleich wollen wir unsere Persönlichkeit frei entfalten. Wir brauchen jemanden an unserer Seite, der uns den Rücken stärkt und unsere Entwicklung fördert. Gerald Hüther, deutscher Neurobiologe und Hirnforscher, fand in seinen Forschungen heraus: „Nur wenn diese beiden Grundbedürfnisse gestillt werden können, ist ein Kind – und später ein Erwachsener – in der Lage, die in seinem Gehirn bereitgestellten vielfältigen Vernetzungsangebote auf immer komplexer werdende Weise zu nutzen und ein entsprechend komplexes Gehirn zu entwickeln." [2]

Nun hat leider nicht jedes Kind das Glück in eine Familie hineingeboren zu werden, in der diese beiden Grundbedürfnisse optimal befriedigt werden. Heißt das, dass diese Menschen keine Chance haben, sich zu zufriedenen und erfolgreichen Persönlichkeiten zu entwickeln? Genau diese Frage hat auch die Wissenschaftler in der Positiven Psychologie beschäftigt. Sie fanden heraus, dass sich Kinder auch unter denkbar schlechten Umständen zu objektiv sehr erfolgreichen Persönlichkeiten entwickeln konnten. Was ist deren Geheimnis?

---

[2] Hüther, Gerald: Was sind wir und was wir sein könnten, Frankfurt am Main: Fischer, 2011, S. 46.

Drei Faktoren für unser Glück und Wohlbefinden

Was können wir also von den Menschen lernen, die von sich behaupten, glücklich und zufrieden zu sein? – Und dabei geht es tatsächlich um dieses subjektive Empfinden: „Ich bin glücklich!" – Von den Menschen, die sich nach belastenden Ereignissen, wie Jobverlust, Krankheit oder einem Todesfall im Kreis seiner Liebsten, wieder gut aufrappeln und weiter machen können. Während anderen das nicht so gut gelingt.

Um das zu untersuchen, hat die Positive Psychologie den Fokus auf drei Faktoren gelegt: unsere Gene, die äußeren Umstände und unsere innere Einstellung oder Haltung.

Besonders interessant finde ich die Einschätzung der Psychologen, zu wieviel Prozent die einzelnen Faktoren Einfluss auf unser Glücksempfinden nehmen. Ich war doch ziemlich platt zu hören, dass unsere Gene zu 50 Prozent, äußere Umstände nur zu 10 Prozent und die eigene Haltung zu erstaunlichen 40 Prozent Einfluss auf unser Glück und Wohlbefinden nehmen![3]

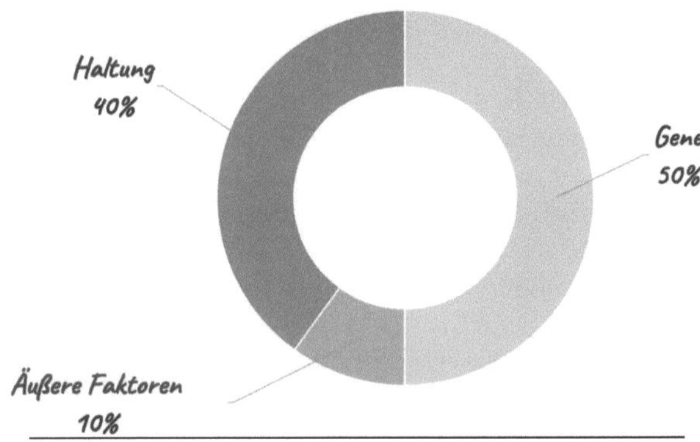

Abbildung 1: Drei Faktoren für unser Glück und Wohlbefinden

Während wir die äußeren Faktoren und unsere Gene eher schwer beeinflussen können, liegt es sehr wohl an uns, wie wir auf bestimmte Lebensereignisse reagieren. Mit anderen Worten: 60 Prozent lassen sich nicht oder nur schwer von uns beeinflussen, 40 Prozent aber sehr wohl. – Ist das jetzt viel oder wenig? Da kommt es ganz auf deine Einstellung an.

Unsere Gene nehmen zu 50 Prozent Einfluss auf unser Happiness-Level

Auch wenn wir glauben, dass unsere Gene etwas Gegebenes, etwas Schicksalhaftes sind, sind sich die Epigenetiker inzwischen sicher, dass wir selbst Einfluss

---

3   Vgl. Lyubomirsky, Sonja: The How of Happiness: A New Approach to Getting the Life You Want, New York City: Penguin Books, eBook, 2008, S. 19.

auf unser Erbgut nehmen können. Die Forscher sprechen sogar davon, dass sich unter bestimmten Umständen die Aktivitäten von Genen an- und abschalten ließen. Stress und Traumata würden die Wahrscheinlichkeit erhöhen, dass genetisch bedingte Krankheiten tatsächlich zum Tragen kämen. Lebt jemand allerdings in einer sehr unterstützenden Familie oder hat nach objektiven Maßstäben positive Lebenserfahrungen gemacht, würde er nicht krank, obwohl er grundsätzlich dazu veranlagt wäre, da er ein solches Gen in sich trägt.

Die Forschung an ein- und zweieiigen Zwillingen lässt den Schluss zu, dass wir alle mit einem bestimmten Glückslevel geboren werden, den wir von unseren Eltern vererbt bekommen. (Der Durchschnitt auf einer Happiness-Skala von 1–7 liegt dabei bei 5.) Selbst nach größten Erfolgen oder Misserfolgen kehren wir immer wieder zu diesem angeborenen Ausgangspunkt zurück. Selbst wenn eineiige Zwillinge nach der Geburt getrennt wurden und in unterschiedlichen Familien und unter unterschiedlichen Bedingungen aufwuchsen: der Ausgangspunkt war auch nach Jahren bei beiden unverändert der gleiche. Im Gegensatz dazu war der der zweieiigen Zwillinge – genau wie bei anderen Geschwistern – individuell unterschiedlich.

Lyubomirsky schließt aus diesen Forschungsergebnissen, dass, selbst wenn wir alle geklont wären und das gleiche Erbgut hätten, sich unser Happiness-Level – also unser gefühltes Glück – dennoch unterscheiden würde. Doch dieser Unterschied läge dann nur noch bei etwa 50 Prozent.[4]

Das bedeutet: Unser persönliches Glücksempfinden unterliegt immer gewissen Schwankungen. Ein Erfolg wäre es, wenn wir die „Ausschläge" nach unten reduzieren und die nach oben vermehren und verlängern könnten. Denn, auch wenn der Ausgangspunkt für dein Glückslevel offenbar unveränderlich ist, hast du es doch in der Hand, dein Level insgesamt positiv zu beeinflussen.[5] Sind die äußeren Umstände vielleicht der Schlüssel zum Glück?

Auch die äußeren Umstände haben Einfluss auf unser Glücksempfinden – aber nur zu zehn Prozent

Stell dir vor jemand fragt, was dich wirklich glücklich macht. Vielleicht kommt dir erst mal in den Sinn: viel Geld, schönes großes Haus, tolles Auto, super Job mit hohem Status und Anerkennung, tolle Freunde und Kollegen oder ähnliches.

Wenn ich mir das Bild vom schönen großen Haus oder sogar einer tollen Villa mit Pool einmal weiter ausmale: Was genau ist es, was mich dort glücklich machen würde? Ich stelle mir hier viel Luxus vor. Zum Beispiel eine tolle Küche

---

[4]   Vgl. Lyubomirsky, 2008, S. 20.

[5]   Vgl. Lyubomirsky, 2008, S. 57.

mit allem Schnick und Schnack, großzügiger offener Wohn-/Essbereich mit hochwertigem Eichenparkett, bodentiefe Fenster mit Blick in die Weite – vielleicht sogar aufs Meer! Wenn ich auf die Terrasse trete, weht mir eine leichte Brise entgegen, die Luft ist angenehm warm, sauber und frisch. Die Vögel singen und der wunderschön angelegte Garten lädt zum Entspannen und Verweilen ein. Auf dem Gartentisch steht ein Korb mit frischem Obst, daneben kühle Getränke. Aus der Küche weht der Duft eines köstlichen Essens. Und in der Garage steht mein schnittiges Luxus-Cabrio bereit für schöne Ausflüge in der wunderschönen Gegend, in der ich wohne. …

Zum Glück gehört in meiner Vorstellung vielleicht auch noch ein Traum-Job, der mir den ganzen Luxus ermöglicht. Eine einflussreiche Funktion, die mir Status und Ansehen verleiht und ein überdurchschnittlich gutes Einkommen beschert. Die Kolleginnen und Kollegen, Mitarbeiterinnen und Mitarbeiter sind engagiert und hoch motiviert, die Chefin oder der Chef ist wertschätzend und vertraut mir voll und ganz.

Du denkst jetzt vielleicht: „Ja, wenn ich das alles hätte, ginge es mir gut, dann wäre ich glücklich!" Aber ist das tatsächlich so? Und wenn ja, wie lange? Luxus ist super, keine Frage. Wenn du aber alleine in deiner Villa sitzt und dein Glück mit niemandem teilen kannst, ist das nur die halbe Freude, oder?

Es setzt auch ein gewisser Gewöhnungseffekt ein. Vielleicht erinnerst du dich an deine letzte superteure Anschaffung, auf die du lange Zeit gespart hast. Oder an eine Beförderung mit besserem Gehalt. So etwas zu erreichen macht dich in dem Moment richtig glücklich, stolz und zufrieden. Doch dieses Glück nutzt sich schon bald ab und du gewöhnst dich an das Erreichte. Du kehrst wieder zu deinem individuellen Ausgangspunkt auf der Happiness-Skala zurück.

Dazu ein Beispiel:

Um Professor bei einer der US-amerikanischen Elite-Universitäten zu werden, durchlaufen die Juniorprofessoren eine sechsjährige Anwärterzeit. In dieser Phase ist der Verdienst vergleichsweise mäßig und das Arbeitspensum extrem hoch. Nach den sechs Jahren harter Arbeit entscheidet eine Jury, ob der Kandidat oder die Kandidatin die Professur erhält oder nicht. Wenn ja, ist das Glück natürlich riesengroß. All die Mühen haben sich ausgezahlt, der Lebenstraum wird wahr. Wenn nicht – dann ist alles aus. Der Kandidat erhält keine zweite Chance. Die sechs Jahre haben nicht zum erträumten Ziel – zur Professur – geführt.

Großes Glück auf der einen Seite. Große Enttäuschung auf der anderen. Das Happiness-Level des erfolgreichen Kandidaten schießt nach oben, das des abgelehnten rauscht in den

Keller. Beides können wir leicht nachvollziehen. Doch das Erstaunliche ist: Nach vier bis sechs Wochen erreichen beide Kandidaten wieder ihren individuellen Ausgangspunkt auf der Happiness-Skala.

Interpretiert wird dieses Ergebnis als Gewöhnungseffekt: Wir gewöhnen uns an das tolle Haus, an die Gehaltserhöhung und das neue Auto. Wir gewöhnen uns aber eben auch an ein Scheitern. Das Leben geht weiter. Die Ereignisse, die uns im Leben widerfahren, beglücken oder erschüttern uns im Moment. Es ist unsere Haltung, die entscheidet, wie wir damit umgehen.

Zu den äußeren Umständen zählen auch deine Gesundheit und dein soziales Umfeld. Es gibt Menschen, die einen schrecklichen Unfall hatten, in dem sie sehr schwer verletzt wurden oder sogar eine körperliche Behinderung davontrugen. Einige von ihnen hadern mit ihrem Schicksal und werden ihres Lebens nicht mehr froh. Andere finden ihren Frieden damit oder sind sogar in der Lage andere zu motivieren, ihr Leben in die Hand zu nehmen und Großartiges zu leisten, sei es im Sport oder im Business.

Was wir denken und tun, macht mit 40 Prozent den wesentlichen Unterschied

Wenn wir leider nicht auf der Sonnenseite des Lebens geboren wurden und die äußeren Umstände auch eher schwierig sind, müssen wir uns dann unserem Schicksal klaglos ergeben? Gott sei Dank nicht!

Wir können zwar den Ausgangspunkt für unser Glückslevel genauso wenig ändern, wie unsere Augenfarbe, doch wir können selbst beeinflussen, wie glücklich wir uns fühlen. Wir haben es in der Hand, für ein förderliches Umfeld zu sorgen und aktiv an unserem Wohlbefinden zu arbeiten. Das ist in etwa so, als würdest du deine Augen mit getönten Kontaktlinsen einfärben, ohne natürlich an deiner angeborenen Augenfarbe etwas ändern zu können.[6]

Unsere innere Einstellung, unsere Sichtweise auf das Leben, unser Verhalten und wie wir bestimmte Ereignisse interpretieren, wirken zu 40 Prozent auf unser subjektives Glücksempfinden. Die Forscher gehen sogar so weit zu sagen, dass es unsere Entscheidung ist, ob wir uns über etwas ärgern oder ob wir es gelassen nehmen.[7] Ob wir uns von unserer Angst lähmen lassen oder ob wir uns trotz der Angst etwas Neuem zuwenden. Ob wir ein Glas als halb leer oder halb voll wahrnehmen, um uns dieses alte Bild noch mal vor Augen zu führen.

---

[6]   Vgl. Lyubomirsky, 2008, S. 62.

[7]   Vgl. Fredrickson, Barbara: Die Macht der guten Gefühle. Wie eine positive Haltung ihr Leben dauerhaft verändert, Frankfurt/New York: Campus, 2011, S. 25.

Häufig sind uns diese Entscheidungen nicht bewusst. Wer sagt schon: „Ich möchte mich ärgern." „Ich will wütend sein." „Angst finde ich toll." Doch wäre es nicht ein Versuch wert, in einer stressigen Situation innezuhalten, um dir bewusst zu werden, was gerade mit dir los ist? – Dann könntest du dich immer noch entscheiden, ob du die oft eher negativ besetzten Emotionen wie Wut, Ärger, Groll, Neid und andere, auch tatsächlich auslebst. Denn – ganz ehrlich – manchmal muss das ja einfach sein; danach fühlen wir uns besser, die Grenzen sind gezogen und eine konstruktive Aussprache wird möglich.

Wirklich glückliche Menschen sitzen nicht einfach auf der Couch und sind erfüllt. Sie sorgen für ihr Glück: sie streben nach neuen Erkenntnissen, suchen nach neuen Aufgaben, sind hilfsbereit und sich ihrer Gedanken und Gefühle äußerst bewusst. Glück ist demnach kein Zustand, sondern eher ein Prozess, der kontinuierlich aufrechterhalten werden muss. Weniger zufriedene Menschen – mit einem niedrigeren Ausgangspunkt – können ihr Happiness-Level insgesamt anheben, indem sie sich die Gewohnheiten von den Glücklichen dauerhaft zu eigen machen.

Dazu ein Beispiel:

Judith, zum Zeitpunkt des Interviews von Sonja Lyubomirsky sechzig Jahre alt, wuchs in denkbar schlechten Familienverhältnissen auf. Neben all den verbalen Erniedrigungen wurde sie von ihrer Mutter brutal geschlagen. Später ging ihre Ehe schief und sie musste ihre Tochter alleine durchbringen. Sie wurde ess- und alkoholsüchtig und litt unter einer klinischen Depression.

Heute behauptet sie von sich eine unglaublich glückliche Frau zu sein. Sie hat einen sinnstiftenden Job, ist ehrenamtlich tätig und kümmert sich um ihren Pflegesohn. Mit 52 ging sie sogar nochmal ans College zurück.

Ihr war es aus eigener Kraft gelungen, die innere Haltung massiv zum Positiven zu verändern. Anstatt sich klein und schlecht zu machen, redete sie sich und ihrem Spiegelbild täglich gut zu. Wann immer schlechte Gedanken in ihr hoch kamen, sagte sie innerlich: „STOP!" und versicherte sich dann: „Du bist okay, so wie du bist."

Was so einfach klingt, war harte Arbeit für sie und erforderte starken Willen und Ausdauer. Judith kam wahrscheinlich mit einem niedrigen Ausgangspunkt für ihr Happiness-Level zur Welt. Die ursprüngliche Familiensituation hatte das Zeug, sie psychisch krank zu machen. Sie ist ein Beispiel dafür, wie kraftvoll die 40 Prozent innere Einstellung sein können. Was wir denken und wie wir Ereignisse für uns interpretieren, haben wir selbst in der Hand.

In ihrem Buch „The How of Happiness" räumt Sonja Lyubomirsky mit drei Mythen[8] zum Thema Glück und Wohlbefinden auf:

Mythos #1: Glück muss gefunden werden

Wenn wir darauf warten, dass etwas Ersehntes passiert, um endlich glücklich zu sein, dann verschenken wir unterwegs viele Möglichkeiten. Glück finden wir nicht irgendwann in der Zukunft und im Außen, sondern im Hier und Jetzt im Inneren. Das gelingt uns, wenn wir aktiv unsere innere Einstellung – unser Mindset – ändern und kontinuierlich daran arbeiten. Glück ist kein Zustand, sondern ein Prozess.

Mythos #2: Glück liegt im Verändern der äußeren Umstände

Oft erinnern wir uns an vergangene Zeiten, in denen wir glücklich waren. Und wir glauben dann, dass es so schön nie wieder werden wird. Die sorgenfreie Studienzeit, die erste große Liebe, der Auslandsaufenthalt. „Ich wäre glücklich, wenn…" etwas oder jemand im Außen sich ändern würde. Tatsächlich ist es aber so, dass die Elemente, die uns damals glücklich gemacht haben, in jedem Augenblick in uns selbst hervorgerufen werden können. Sie sind quasi nur einen Gedanken weit entfernt, den wir zu unserem Vorteil nutzen können. Denn die äußeren Umstände haben nur zu zehn Prozent Einfluss auf unser subjektives Glücksgefühl.

Mythos #3: Entweder du bist glücklich oder nicht

Der Glaube ist weit verbreitet, dass wir entweder glücklich oder eher nicht so glücklich veranlagt sind, und dass wir daran auch nichts ändern könnten. Von Mönchen wird allerdings berichtet, dass sie ihr Happiness-Level durch Meditation bewusst anheben können. In immer neuen Studien wird überzeugend nachgewiesen: Man kann das „Glücklich Sein" lernen. Wir können sozusagen unsere genetische Programmierung durch unsere innere Einstellung und förderliche Gewohnheiten überwinden.

Lernen von den Glücklichen – Positive Psychologie

Psychische Erkrankungen definieren, deren Ursachen erforschen und Wege finden, diese Krankheiten erfolgreich zu lindern oder zu heilen: Das war es, was die psychologische Forschung seit dem Ende des 19. Jahrhunderts interessierte. Die zwei Weltkriege ließen viele Menschen traumatisiert zurück; ihnen zu

---

8   Vgl. Lyubomirsky, 2008, S. 39.

helfen, war von gesellschaftlichem Interesse. Doch gab es auch in diesen Zeiten Menschen, die nach traumatisierenden Erlebnissen nicht krank wurden, die es besser schafften, damit fertig zu werden, die glücklich waren.

Nach dem Zweiten Weltkrieg entstand eine Vielzahl neuer psychologischer Konzepte. Und in seiner Antrittsrede als Präsident der American Psychology Association (APA) legte Martin Seligman 1998 dann den Grundstein für die Forschungsarbeiten der Positiven Psychologie. Er wollte herausfinden, was den Menschen hilft aufzublühen, ihr Leben erfüllter zu machen und resilienter zu werden.

Während die klassische Psychologie den Fokus eher auf Krankheit und deren Heilung legt, interessiert sich die Positive Psychologie dafür, warum sich andere bei gleichen Voraussetzungen ganz anders, viel positiver entwickeln. Bildlich gesprochen: Die klassische Psychologie hilft einem Ertrinkenden, wieder an die Wasseroberfläche zu kommen, um zu atmen. Die Positive Psychologie lehrt uns das Fliegen.

„Probleme kann man niemals mit derselben Denkweise lösen, durch die sie entstanden sind", wird Albert Einstein, der Begründer der Relativitätstheorie, gerne zitiert. Dazu müssen sie uns aber erst bewusst werden. Welche hinderlichen Gedanken haben wir also und welche wären stattdessen besser für uns?

Seligman hatte zu Beginn seiner Forschungen noch das Ziel, Happiness (= langanhaltende Lebensfreude) für die Menschen zu erreichen, später sprach er dann mehr von dem weiter gefassten Well-Being (= Wohlbefinden). Er definierte fünf Grundbausteine für ein gelingendes Leben, zusammengefasst in dem Akronym PERMA:

- ❏ **P**ositive Emotion (positive Emotionen),
- ❏ **E**ngagement (Engagement),
- ❏ **R**elationships (Beziehungen),
- ❏ **M**eaning (Sinn),
- ❏ **A**chievement (Zielerreichung).[9]

In diesem Buch findest du viele Impulse, um dich mit deinen Gedanken, Gewohnheiten und Emotionen auseinanderzusetzen. Natürlich sind nicht alle Ideen für dich und deine Situation passend: Such dir die aus, mit denen du aktuell am meisten anfangen kannst. Ich ermuntere dich, neue Verhaltensweisen eine Weile auszuprobieren und in dein Leben zu integrieren. Solche Veränderungen gelingen selten von jetzt auf gleich, sondern brauchen eine gewisse Zeit der bewussten Übung. Das hat viel damit zu tun, wie unser Gehirn tickt.

---

[9] Vgl. Seligman, Martin: Flourish – Wie Menschen aufblühen: Die Positive Psychologie des gelingenden Lebens, München: Kösel-Verlag, 2012, S. 45.

Wie funktioniert unser Gehirn?

Der Mensch ist ein Gewohnheitstier. Wir haben unsere Erfahrungen im Leben gemacht und unsere Haltungen und Einstellungen über Jahre hinweg entwickelt. Aus Erlebnissen und Begegnungen haben wir unsere Schlüsse gezogen und unser Weltbild geformt. In der Regel sorgen wir unbewusst dafür, dass sich dieses Weltbild durch die Informationen, die wir ja eigentlich bewusst und kritisch aufnehmen sollten, tatsächlich immer wieder bestätigt. Das tun wir zum Beispiel durch die Auswahl unserer Nachrichtenquellen, Freunde, Kollegen, Bücher, Gruppen in sozialen Medien, politische Parteien usw. – Vorurteile entstehen und werden gefestigt.

Neuigkeiten, die unserem Weltbild widersprechen, begegnen wir erst mal mit Widerstand und Ablehnung. Dieses Schubladendenken hilft uns im Alltag dabei, die Komplexität unserer Umwelt zu reduzieren. Wenn etwas bekannt ist, machen wir uns keine Gedanken mehr darüber. Die Kapazität unseres Denkorgans wird geschont, damit wir sie besser für akute Entscheidungen nutzen können.

Damit ist unsere Welt erst mal in Ordnung. Wir wissen, wer Freund und wer Feind ist, was gut und richtig für uns ist. Doch dann gibt es Momente, in denen sich unser Fokus verschiebt oder sogar verschieben muss, damit es uns weiterhin gut geht. Wenn wir eine ungünstige Diagnose erhalten, die unsere volle Aufmerksamkeit verlangt, wenn sich der Partner oder die Partnerin von uns trennt, wenn wir unseren Job verlieren und uns neu orientieren müssen. Oder wir wollen unseren Fokus verschieben, weil wir verliebt sind, uns vorgenommen haben ein Instrument oder einen Sport zu lernen, oder wenn wir uns nach einem Umzug in der neuen Umgebung orientieren wollen.

Unser Gehirn kann trainiert werden wie ein Muskel

Lange Jahre gingen die Hirnforscher davon aus, dass sich unser Gehirn bis zu einem bestimmten Alter entwickeln kann und es uns danach nicht mehr gut möglich ist, neue Fähigkeiten zu erlernen. Nach dem Motto: „Was Hänschen nicht lernt, lernt Hans nimmer mehr." Tatsächlich ist es aber so, dass wir unser Gehirn bis ins hohe Alter verändern und trainieren können. Es ist zu jeder Zeit möglich, neues zu lernen oder auch bewusst zu VER-lernen. Die Forscher sprechen hier von der Neuroplastizität des Gehirns.

Zunächst aber funktioniert unser Lernen so: Wenn wir etwas zum ersten Mal denken oder tun, bildet sich eine feine Verbindung zwischen zwei Synapsen und wir haben etwas gelernt oder erkannt. Ein Geistesblitz, sozusagen. Denken oder Tun wir das gleiche immer wieder, so verstärkt sich mit der Zeit diese feine Verbindung. Wie nach dem ersten Überqueren einer Wiese, entsteht durch Wiederholung mit der Zeit ein kleiner Trampelpfad. Auf die Dauer kann daraus ein Schotterweg werden, ein asphaltierter Weg, eine Gasse, eine ein-, zwei-, vierspurige Straße, eine Autobahn. Unser Gehirn ist darauf ausgelegt, möglichst effizient zu arbeiten. Gewohnheiten werden deshalb über die „Autobahnen" zwischen den Synapsen perfektioniert und automatisiert, so dass Kapazitäten für komplexere Denkleistungen zur Verfügung stehen.

Das heißt, wir tun und denken die meisten Dinge unbewusst. Als Babys haben wir beispielsweise mit viel Geduld und Ausdauer das Drehen, Krabbeln und Gehen gelernt. Als Erwachsene müssen wir uns keine Gedanken mehr machen, wie wir unser Gleichgewicht halten und zu Fuß von A nach B kommen wollen. Wer einen Führerschein gemacht hat, wird sich an die ersten unsicheren Fahrstunden erinnern. Berufspendler kennen ihre Strecke in- und auswendig. Sie können sich manchmal an die Fahrt gar nicht erinnern, haben sogar währenddessen telefoniert oder für ein komplexes Problem eine Lösung gefunden.

In plötzlichen Gefahrensituationen dagegen setzt schlagartig unser Überlebensinstinkt ein. Im Bruchteil von Sekunden sind wir in der Lage zu reagieren und zu überleben. Eben noch waren wir im „Autopilot" unterwegs zur Arbeit, dann kommt vor uns der Verkehr plötzlich zum Stehen. Mit einer Vollbremsung retten wir unser Leben. Dabei ist allerdings nicht unser Denkhirn, sondern unser Reptilienhirn im Einsatz. Von dort werden unsere Instinkte gesteuert. Dieses automatische oder instinktive Handeln und Denken steuern wir nicht bewusst – ganz anders als etwa in einem Entscheidungsprozess, oder wenn wir für eine Prüfung lernen.

Selektive Wahrnehmung

Vielleicht kennst du das: Du hast dich entschieden, ein neues Auto zu kaufen. Hast dir lange überlegt, wofür du das neue Fahrzeug brauchen wirst und dich mit vielen Freunden und Bekannten darüber ausgetauscht, die eine ähnliche Entscheidung kürzlich getroffen haben. Du hast im Internet recherchiert, dir Testberichte und Videos angesehen, bist Probe gefahren, warst begeistert von der tollen Verarbeitung und dem Gefühl hinter dem Steuer zu sitzen. Du hast den Motorsound genossen. Und als du dir nach reiflicher Überlegung dann auch noch sicher über die Farbe des Autolacks warst, hast du endlich den Vertrag unterschrieben. Und jetzt beginnt die Vorfreude, bis dein neues Gefährt endlich geliefert wird. In dieser Zeit des Wartens passiert etwas Erstaunliches: Überall auf der Straße siehst du jetzt genau dieses Modell, das du dir ausgesucht hast. Das ist dasselbe, was auch Frauen passiert, die sich gerade für eine exklusive Handtasche entschieden haben. Oder Schwangeren, denen auf einmal die vielen anderen Schwangeren und Kinderwagen auf der Straße auffallen.

Aus der ganzen Breite an Informationen nehmen wir selektiv nur noch einen bestimmten Bruchteil der Realität wahr und übersehen weitgehend alles andere. Forscher haben untersucht, wie viel wir denn tatsächlich bewusst wahrnehmen und wie viel von uns unbeachtet bleibt. Ich empfehle dir in dem Zusammenhang bei YouTube "The Monkey Business Illusion" anzusehen.[10] Es ist wirklich erstaunlich, wie sehr wir in der Lage sind, uns zu fokussieren – und wie sehr wir dabei offensichtliche Dinge ausblenden.

Der Mensch ist ein visuelles Lebewesen. Instinktiv nehmen wir jede Bewegung in unserem Umfeld unbewusst wahr. Das Gehirn registriert bei jeder Bewegung in unserem Gesichtsfeld sofort, ob es gefährlich für uns wird, ob Freund oder Feind auf uns zukommt, ob die Bewegung im Gras von einem harmlosen Vogel herrührt oder von einer giftigen Schlange. Wir entscheiden auch über den Sehsinn, was wir uns in den Mund stecken, um uns davon zu ernähren.

Unterstützt wird das Auge bei der Gefahrensuche von unserem zweitstärksten Sinn, dem Hören. Was knackt da im Gebüsch? Ging da nicht die Tür? Nähert sich da ein Auto von hinten? In welcher Stimmung ist mein Gegenüber? Auch Geruchs-, Geschmacks- und Tastsinn senden ständig überlebensnotwendige Signale an das Gehirn - und das im Wesentlichen eher unbewusst.

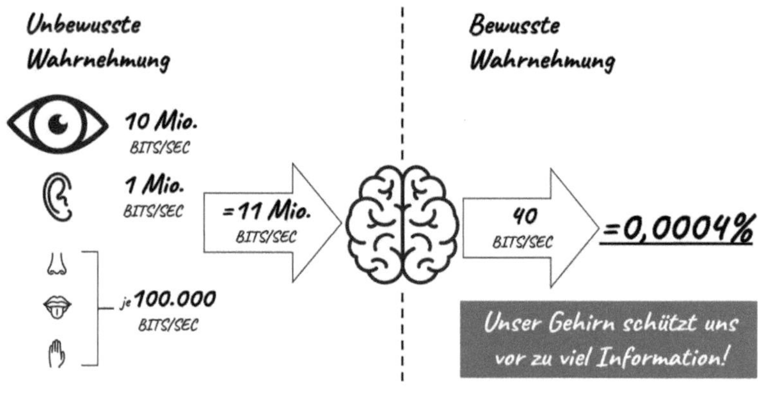

Abbildung 2: Unbewusste und bewusste Wahrnehmung

Mit unseren Augen nehmen wir geschätzte 10 Mio. Bits pro Sekunde unbewusst wahr. Mit unserem zweitstärksten Sinn, dem Hörsinn, sollen es zusätzlich 1 Mio. Bits pro Sekunde sein. Und die anderen drei Sinne senden auch nochmal jeweils etwa 100.000 Bits pro Sekunde an das Gehirn, die dort verarbeitet werden und unser Überleben sichern. Das sind also unvorstellbare gut 11 Mio. Bits pro Sekunde, mit denen unser Gehirn permanent in wachem Zustand klarkommt.

---

[10]   The Monkey Business Illusion von Daniel Simons: https://youtu.be/IGQmdoK_ZfY.

Erkenntnisse aus der Neurobiologie und Gehirnforschung zeigen uns, wie das Gehirn funktioniert: Unser Gehirn möchte uns etwas Gutes tun und lässt deshalb aus Gewohnheit oder im Stress nur einen Bruchteil aller wahrgenommenen Eindrücke in unser Bewusstsein durch, auf den wir emotional reagieren – positiv wie negativ: und zwar nur 40 Bits pro Sekunde. Das sind nur 0,0004 Prozent![11]

Auch wenn wir es nicht bewusst wahrnehmen – es gibt noch so viel mehr um uns herum! Nämlich 99,9996 Prozent! Unsere Gedanken, Einstellungen und Beurteilungen bestimmen unser Verhalten und unsere Wahrnehmungen. Wir sind evolutionsbedingt darauf trainiert, vorrangig Gefahren und Risiken wahrzunehmen und Dinge sicherheitshalber pessimistisch zu bewerten. Das war auch ratsam, wenn man nicht vom Säbelzahntiger gefressen werden wollte. So gesehen, haben unsere Vorfahren also alles richtig gemacht, sonst wären wir ja schließlich nicht auf der Welt. Infolgedessen neigen wir also eher dazu, Veränderungen als Risiken und nicht als Chancen zu begreifen. Das ist heute aber nicht immer förderlich und zielführend. Vor allem wenn es unser Ziel ist, glücklich und zufrieden zu sein.

Können wir denn unser Gehirn irgendwie umtrainieren oder austricksen? Die Forscher sagen ja: Es ist möglich, unser Gehirn zu trainieren und an unserer inneren Einstellung zu arbeiten – und das in jedem Alter! Wir können also lernen, unser Gehirn so zu programmieren, dass es uns Informationen bewusst wahrnehmen lässt, auf die wir uns absichtlich fokussieren wollen.

Sich auf das Positive zu fokussieren, ist eine Frage des Mindsets. Während sich die äußeren Faktoren (10 Prozent) und die Gene (50 Prozent) eher nicht von uns beeinflussen lassen, können wir unsere innere Einstellung (40 Prozent) sehr wohl bewusst wählen.

$$\bullet \cdot \bullet \cdot \bullet \cdot \bullet \bullet \bullet \bullet \bullet \bullet \cdot \bullet \cdot \bullet \cdot \bullet \cdot \bullet \cdot$$

---

[11] Vgl. Vester, Fredric: Denken, Lernen, Vergessen. Was geht in unserem Kopf vor, wie lernt das Gehirn, und wann lässt es uns im Stich?, München: dtv, 2014; Becker-Carus, Christian/ Wendt, Mike: Allgemeine Psychologie. Eine Einführung, Berlin: Springer-Verlag, 2017.

Stärke die Unternehmerin in dir!

Du genießt dein geregeltes Einkommen, arbeitest gerne im Team mit deinen Kolleginnen und Kollegen zusammen und wünschst dir gleichzeitig so sehr, endlich mit deinem Herzensthema den Sprung in die Selbstständigkeit zu wagen. Dieses Dilemma spiegelt ganz wunderbar unsere beiden Grundbedürfnisse nach Verbundenheit und persönlichem Wachstum wider.

Veränderung und Wachstum bringen automatisch Unsicherheit mit sich. Unser Gehirn mag es aber lieber, wenn alles so bleibt wie es ist. Das spart Energie und ist ganz einfach sicherer. Aber genauso wie ein Baby irgendwann den schützenden Bauch verlässt, kommt auch der Zeitpunkt, an dem dein Business unweigerlich gegründet werden will. Da führt kein Weg dran vorbei!

Ein guter Zeitpunkt für einen Start könnte sein, wenn dein Unternehmen Personal abbauen möchte und dir eine Abfindung angeboten wird. Alternativ wäre es ein erster Schritt, deine Führungskraft davon zu überzeugen, deine Arbeitszeit zu reduzieren, um parallel die ersten Schritte zu wagen. Und damit du dich auf dem Weg nicht alleine fühlst, suchst du dir eine Community oder Buddys, die dir Mut machen und deinen Weg des persönlichen Wachstums unterstützen. Meide die Miesepeter, die es lieber sehen, wenn alles so bleibt, wie es ist.

Wie denkst du selbst über deine Erfolgschancen? Ich habe gezeigt, dass es nicht die äußeren Umstände sind, die uns zu unserem Glück verhelfen. „Ich kann mich erst selbstständig machen, wenn …“ Und es sind auch nicht unsere Gene. „Ich kann einfach nicht verkaufen.“, „Ich bin eher ein introvertierter Mensch.“, „Mit Zahlen kann ich nicht umgehen.“ Was du nicht so gut kannst, kann jemand anderes. Wer sagt, dass du alles alleine machen musst?

Es ist deine Einstellung, die den entscheidenden Unterschied macht. Unser Gehirn lässt nur 0,0004 Prozent aller Informationen bis in unser Bewusstsein vordringen. Dazu gehören auch deine Gedanken und Vorurteile. Du hast sie immer schon gedacht. Und „Ich kann nicht …“ könnte einer davon sein, ohne dass du dir darüber bewusst bist. Worauf möchtest du dich fokussieren? Einstellungen sind veränderbar. Zuversicht und Optimismus lassen sich erlernen.

Wie du Einfluss auf dein Mindset nehmen kannst, erfährst du im nächsten Kapitel.

Reflexionsfragen

- ❏ Fühlst du dich mit anderen ausreichend verbunden?
- ❏ Darfst du dich in deinem Umfeld persönlich weiterentwickeln und wachsen?

- Wie hoch ist dein Ausgangspunkt für dein persönliches Glücksempfinden?
- Welchen Mythen zum Glück und Wohlbefinden bist du schon mal erlegen?
- An welche Momente selektiver Wahrnehmung kannst du dich erinnern?
- Worauf liegt dein Fokus?
- Weißt du besser, was du kannst – oder was du nicht kannst?
- Was macht dich glücklich?
- Wofür kannst du dich begeistern?
- Was ist dein Herzensthema, deine Geschäftsidee?
- Wen kannst du begeistern und inspirieren? Wer sind deine Kunden?
- Wer unterstützt dich bei deiner Gründung? Wer ist dagegen?
- Was möchtest du lernen oder verlernen, um zufriedener zu sein?

Was macht ein zufriedenes Leben aus?: das Wichtigste in Kürze

- **Sich verbunden fühlen und wachsen dürfen – zwei essentielle Grundbedürfnisse:** Um glücklich und zufrieden sein zu können, müssen wir uns mit anderen verbunden fühlen und Raum haben, über uns hinauszuwachsen. Wir brauchen Sicherheit, um uns weiterentwickeln zu können.
- **Drei Faktoren für unser Glück und Wohlbefinden.** Unsere Gene legen zu 50 Prozent die Basis für unsere Fähigkeit, Glück zu empfinden. Die äußeren Umstände beeinflussen zu zehn Prozent unser Wohlbefinden. Unsere innere Einstellung, zu 40 Prozent relevant, macht jedoch den entscheidenden Unterschied: Wir haben es täglich in der Hand uns aktiv für eine positive Sicht der Dinge zu entscheiden.
- **Lernen von den Glücklichen – Positive Psychologie.** Der Psychologe Martin Seligmann ist der Überzeugung, dass die fünf Grundbausteine Positive Emotionen, Engagement, positive Beziehungen, Bedeutsamkeit und Verwirklichung (PERMA) entscheidend zum eigenen Wohlbefinden beitragen.
- **Wie funktioniert unser Gehirn?** Unser Gehirn schützt uns durch selektive Wahrnehmung vor zu vielen Informationen, indem es uns nur 0,0004 Prozent bewusst wahrnehmen lässt. Evolutionsbedingt sind wir eher darauf geeicht, das Negative und Lebensgefährliche wahrzunehmen. Mit etwas Übung und Ausdauer kann es uns gelingen, den Fokus bewusst auf das Positive zu verlagern und somit glücklicher und zufriedener zu sein.

Ergänzende Arbeitsmaterialien online unter:
www.susanneklein.coach/starke-unternehmerin

Mit deinem Mindset

fängt alles an

Ich kenne diese Ängste leider nur zu gut! Mich sichtbar zu machen, war mir lange Zeit eher unheimlich. Mündliche Beteiligung in der Schule? Fehlanzeige. Während meines Studiums konnte ich mich sogar irgendwie vor allen Pflichtreferaten drücken! Ich habe mich einfach nicht getraut vor Menschen zu sprechen! Mir war es unangenehm, im Mittelpunkt zu stehen – „sichtbar" zu werden.

In meinen knapp 30 Jahren Berufserfahrung in der Festanstellung kam ich dann mehr und mehr aus der Deckung und bin sozusagen unter meinem „Stein" hervorgekrochen. Anfangs schubsten mich wohlwollende Chefs ins Licht. Später suchte ich mir sogar bewusst die publikumswirksame Herausforderung als interne Trainerin. Eine Entwicklung, die ich so am Beginn meiner Karriere nicht für möglich gehalten hätte.

Jetzt als Autorin und Unternehmerin sind in dieser Hinsicht endgültig alle Dämme gebrochen. Ein Zurück unter meinen „Stein" gibt's nicht mehr. Und Sichtbarkeit ist natürlich auch das A und O für den geschäftlichen Erfolg. Da gilt es für mich immer noch viele Ängste zu überwinden, viel zu lernen und meine Komfortzone zu erweitern – wie bei allem, was neu und ungewohnt ist.

Jeder hat ja mit seinen eigenen Ängsten zu kämpfen. Was ich gerade beschrieben habe, mag für dich nie das Problem gewesen sein. Vielleicht plagt dich eher das Hochstapler-Syndrom (auch bekannt als Imposter-Syndrom), bei dem dich deine Selbstzweifel plagen und du der subjektiven Überzeugung erliegst, dass deine Erfolge mehr mit deinem Glück als mit deinem Können zu tun haben. Du befürchtest, dass schon bald jemand entdecken wird, wie wenig Ahnung du eigentlich hast. Dabei ist es wahrscheinlich eher so, dass du dir so eine Expertise erarbeitet hast, dass du auch weißt, was du alles nicht weißt. Und das verunsichert dich.

Oder du hast mit lästigen Glaubenssätzen zu kämpfen: „Ich bin nicht gut genug.", „Das kann ich nicht." oder „Es muss erst perfekt sein, sonst gehe ich nicht damit raus." Deine wiederkehrenden Gedankenmuster haben einen großen Einfluss darauf, wie zufrieden du mit deinem Leben bist und wie beherzt du deine Komfortzone erweiterst.

Persönliches Wachstum? – Raus aus der Komfortzone!

Weißt du, wie Elefanten gezähmt werden? – Als Jungtier werden sie mit einer Eisenkette am Fuß festgebunden und ihr Radius wird drastisch eingeschränkt. Sie versuchen natürlich, sich zu befreien, und ziehen und zerren – so lange, bis sie irgendwann resigniert aufgeben. Diese schmerzhafte und frustrierende Erfahrung in jungen Jahren prägt die prächtigen und kräftigen Tiere so nachhaltig, dass sie auch später, sobald sie eine Kette am Fuß spüren, deren Radius einhalten. Sie erkennen nicht, dass sie jetzt die Kraft hätten, sich zu befreien.

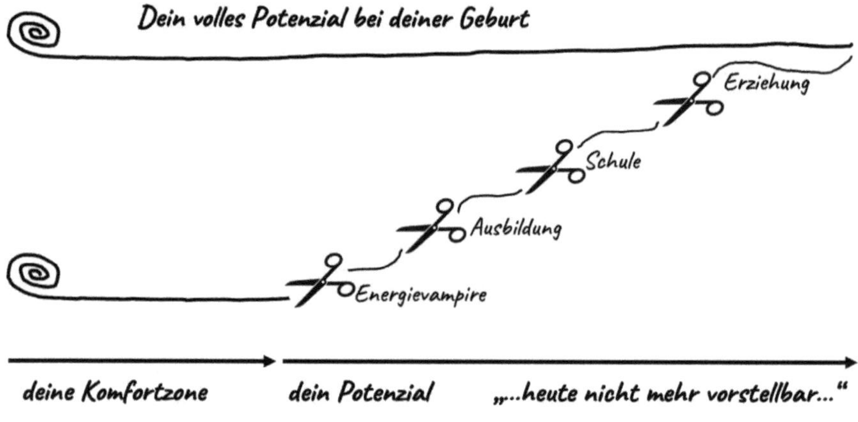

Abbildung 3: Raus aus der Komfortzone für persönliches Wachstum

Wir Menschen werden mit einem nahezu unendlichen Potenzial geboren und unser Gehirn hat grundsätzlich die Kapazität und Grundlage sich zu allem Denkbaren zu entfalten. Bei uns ist die „Elefantenkette" zu Beginn unseres Lebens sozusagen nahezu unendlich lang. Unsere erste Prägung erhalten wir durch unser Elternhaus. Je nachdem, in welche Familie wir hineingeboren werden, und je nachdem, welche Erfahrungen unsere Eltern gemacht haben, fördern und unterstützen sie uns bestmöglich auf ihre Art und Weise. Es entstehen jedoch auch erste Einschränkungen: „Das kannst du nicht.", „Dafür bist du zu klein.", „Das macht man nicht." Unser enormes Potenzial wird nicht ausgeschöpft und wir trauen uns immer weniger zu. Ohne eine böse Absicht der Eltern und anderer Bezugspersonen werden unsere Entwicklungsmöglichkeiten mehr und mehr eingeschränkt.

Ob im Kindergarten, in der Schule, im Studium, in der Ausbildung und am Arbeitsplatz: Überall stoßen wir auf Regeln, Glaubenssätze, Einschränkungen und Einschätzungen, die unsere Komfortzone nur noch weiter verkleinern. Dabei müssen es noch nicht einmal ausschließlich negative Erfahrungen sein. Auch die einseitige Festlegung: „Das kannst du besonders gut, das solltest du auf jeden Fall beruflich machen", kann uns davon abhalten, uns weiter zu orientieren. Andere Talente verkümmern dadurch.

Mit solchen und ähnlichen Erfahrungen verfestigt sich unser Selbstbild ebenso wie unser Weltbild. Wir richten uns in einer Komfortzone ein, die einen bestimmten Radius aufweist. Oft verlassen wir diese Zone auch nicht, weil wir Angst vor dem Ungewissen haben. Und uns ist, ähnlich wie dem Elefanten an der Kette, nicht bewusst, dass wir die Kraft und das Potenzial haben, mehr zu sein und zu werden, als wir gerade sind. Wir geben auf und probieren Dinge nicht mehr, die uns einmal misslungen sind. Wenn wir an etwas scheitern, wagen wir keinen neuen Versuch mehr, weil wir unser Gesicht wahren wollen. Wir haben Angst davor, uns zu blamieren und Fehler zu machen. Winston Churchill soll einmal gesagt haben: „Ich habe mich in meinem Leben vor so vielen Dingen gefürchtet, aber nichts davon ist eingetreten."

Ohne Not verlassen wir nur äußerst ungern unsere Komfortzone. Wir fühlen uns wohl, wenn wir wissen, was auf uns zukommt, wer Freund oder Feind ist. Veränderungen verbrauchen eine ungeheure Energie und Willenskraft, die unser Gehirn gerne für den wirklichen „Ernstfall" aufsparen würde. „Feel the fear and do it anyway" (Spür die Angst und mach es trotzdem), lautet die Empfehlung von Dr. Susan Jeffers in ihrem gleichnamigen Buch. Sie ermuntert uns, Angst als etwas Alltägliches anzuerkennen und sich davon nicht beirren zu lassen, sondern sich trotzdem auf den Weg zu machen.[12]

Wachse über dich hinaus! – mit einem Growth Mindset

Warum sind von gleichermaßen talentierten Menschen einige erfolgreicher als andere? Und wie kann Erfolg gefördert werden? – Antworten auf diese Fragen suchte Dr. Carol Dweck, eine der führenden Motivationsforscherinnen an der Stanford University in den USA. Ihre Beobachtung war: Der entscheidende Unterschied liegt in der Art und Weise, wie wir mit Misserfolgen umgehen und welche Glaubenssätze wir in Bezug auf das Lernen verinnerlicht haben. Sie beschreibt sie zwei Einstellungen oder Mindsets: das Fixed Mindset (Statisches Selbstbild) und das Growth Mindset (Dynamisches Selbstbild).

---

[12] Vgl. Jeffers, Susan: Feel The Fear And Do It Anyway: How to Turn Your Fear and Indecision into Confidence and Action, Santa Monica, CA: Jeffers Press, 2007, eBook S. 34

Die Glaubenssätze über unsere Fähigkeit zu lernen

Menschen mit einem **Fixed Mindset** glauben, dass jeder Mensch über angeborene Talente und Fähigkeiten verfügt und sein Intelligenzquotient ebenso unveränderlich gegeben ist. Wenn jemand etwas besonders gut kann, dann gehen diese Menschen daher von einem Naturtalent aus. Sie glauben, dass man seine Fähigkeiten und seine Intelligenz nicht selbst beeinflussen kann. Man hat sie oder eben nicht. Die größte Angst ist, Fehler zu machen, schlecht dazustehen und das Gesicht zu verlieren.

Menschen mit einem **Growth Mindset** gehen hingegen davon aus, dass sowohl die eigene Intelligenz als auch Talente und Fähigkeiten über die Zeit entwickelt werden können. Wenn jemand etwas besonders gut kann, dann deshalb, weil er hart daran gearbeitet hat. Sie glauben, man hat seinen Erfolg selbst in der Hand und kann mit der Zeit immer besser werden.

Ausnahmetalente im Sport, der Kunst und in der Wissenschaft haben viele tausend Stunden ausdauernd an ihren Fertigkeiten gearbeitet. Sicher ist eine gewisse Veranlagung oder ein glühendes Interesse für etwas eine gute Voraussetzung, um mit Spaß dabei zu bleiben und sich von Rückschlägen nicht vom Ziel abbringen zu lassen. Zur Perfektion gelangen sie aber alle nicht über Nacht, sondern durch wiederholtes Üben. LeBron James, NBA Basketball-Spieler, sagte 2016 in einem Interview mit der New York Post: „Es geht immer um ein Growth Mindset ... Es ist die Tatsache, dass man weiß, dass man auch in unserem Alter noch besser werden kann, auch mit unseren Auszeichnungen, auch mit dem, was wir in unserer Karriere gemacht haben. Wir haben immer noch das Gefühl, dass wir uns verbessern können."[13]

Fixed Mindset	Growth Mindset
Der Glaubenssatz	Der Glaubenssatz
Fähigkeiten und Talente sind **angeboren**. Ich **habe nicht die Kontrolle** über meine Talente und Fähigkeiten.	Fähigkeiten und Talente kann ich **entwickeln**. Ich **habe die Kontrolle** über meine Talente und Fähigkeiten.
Ich kann **NICHT** lernen und wachsen.	Ich **KANN** lernen und wachsen.

---

[13] https://nypost.com/2016/03/23/lebron-plots-of-teaming-with-carmelo-in-nba-mega-foursome/.

Der Fokus	Der Fokus
Der Fokus liegt auf dem (sehr guten) **Endergebnis**. Gut dazustehen und sein **Gesicht** zu **bewahren** ist das wichtigste Ziel.	Der **Prozess des Lernens** steht im Vordergrund. Das Ziel ist es, immer **besser** zu **werden**.

Unsere Glaubenssätze bestimmen also maßgeblich, wie wir lernen und wie wir Erfolg für uns definieren. Ich erwische mich beispielsweise manchmal dabei, dass ich kniffelige Rätsel erst gar nicht anfange, weil ich Angst davor habe, sie nicht lösen zu können und mir dann dumm vorkäme. Für meinen Mann kann es dagegen nicht kniffelig genug sein. Das spornt ihn sogar erst richtig an. Ich mag auch den Wettbewerb nicht sonderlich. Schneller, weiter, höher reizt mich gar nicht – auch weil ich nicht so gerne verliere. Ich gehe deshalb solchen Situationen lieber aus dem Weg.

Anderen Herausforderungen dagegen stelle ich mich gerne. Ich habe es geliebt, mein erstes eLearning zu konzipieren und erfolgreich umzusetzen. Was ich nicht konnte, habe ich „unterwegs" gelernt. Ich war dabei durch und durch zuversichtlich und optimistisch. Ein Buch habe ich vorher auch noch nie geschrieben und selbst verlegt. Doch ich bin drangeblieben und habe es geschafft. In so vielen unterschiedlichen Funktionen bin ich an meinen neuen Aufgaben immer wieder über mich hinausgewachsen. Offenbar habe ich sowohl ein Fixed als auch ein Growth Mindset. Aber was sind am Ende die entscheidenden Erfolgsfaktoren, wenn es ums Lernen geht?

Die vier Schlüsselfaktoren für den Erfolg

Unsere Erwartungen und Glaubenssätzen bestimmen, wie wir uns einer neuen Aufgabe außerhalb unserer Komfortzone nähern:

1. wie wir die **Anstrengung** und Mühen bewerten, um zum Erfolg zu kommen,
2. wie wir mit **Hindernissen** und Schwierigkeiten umgehen,
3. welche **Fehlerkultur** wir etabliert haben und
4. welchen Nutzen wir aus **Feedback** von anderen ziehen.

Zur Verdeutlichung stelle ich die typischen Reaktionen und Verhaltensweisen in der folgenden Tabelle einander gegenüber.

Fixed Mindset	Growth Mindset
Umgang mit Anstrengungen Jemand mit einem Fixed Mindset glaubt, dass einem das Können und die Intelligenz in die Wiege gelegt wurden. Wenn er also hart für etwas arbeiten und sich anstrengen muss, denkt er, dass er kein Talent hat und es sinnlos ist, in das Erlernen dieser Fertigkeit weiter Zeit und Energie zu investieren. Er gibt auf, sobald es zu mühevoll wird und denkt: „Ich kann es nicht.“	**Umgang mit Anstrengungen** Will ich etwas bis zur Exzellenz bringen, bin ich mit einem Growth Mindset davon überzeugt, dass die Anstrengungen ganz selbstverständlich dazu gehören. Nur durch Wiederholungen und das Suchen nach Lösungen kann sich der Lernerfolg einstellen und Wachstum entstehen. Der Leitgedanke dahinter ist: „Ich kann es NOCH nicht.“
Umgang mit Hindernissen Hindernisse, die auf dem Weg auftauchen werden beim Fixed Mindset eher als Bedrohung wahrgenommen, und man versucht, sie unbedingt zu vermeiden. Der Weg des geringsten Widerstandes wird gesucht.	**Umgang mit Hindernissen** Tauchen Hindernisse auf, sehe ich sie mit einem Growth Mindset als willkommene Herausforderung. Ich nehme sie in gewisser Weise „sportlich“ und sie machen meine Lernerfahrung noch interessanter. Das erfolgreiche Überwinden von Hindernissen macht stolz. „Man wächst mit den Aufgaben.“ ist die Devise.

Umgang mit **Fehlern**	Umgang mit **Fehlern**
Fehler möchte jemand mit einem Fixed Mindset um alles in der Welt vermeiden. Sie werden als extrem entmutigend empfunden. Wichtigstes Ziel ist Perfektion und in gutem Licht dazustehen. Er hasst Fehler!	Mit einem Growth Mindset analysiere ich Fehler ausgiebig, um es beim nächsten Mal besser zu machen. Ich begreife sie als Chance zum Lernen. „Aus Erfahrung wird man klug." steckt als Idee dahinter.
Umgang mit **Feedback**	Umgang mit **Feedback**
Feedback von Lehrern oder anderen Menschen wird von jemandem mit einem Fixed Mindset als Kritik aufgefasst, die den Glaubenssatz bestätigt, nicht talentiert genug zu sein, um etwas gut zu können. Die Folge kann sein, dass derjenige aufgibt und es nicht weiter versucht. „Hab ich doch gleich gesagt, dass ich es nicht kann."	Mit einem Growth Mindset verstehe ich Feedback als wertvolle Unterstützung auf dem Weg zu mehr Können und Exzellenz. Ich suche aktiv Feedback von Experten, um schneller besser zu werden. „Lernen von den Besten", ist meine Motivation.[14]

Niemand hat ausschließlich das eine oder das andere Mindset. Es spielt immer auch eine Rolle, was wir lernen wollen und was unsere Ausgangsposition ist. Ich habe mich beispielsweise immer für sehr unsportlich gehalten. Unzählige Male habe ich einen Anlauf genommen, regelmäßig Joggen zu gehen. Anfangs lief es meist ganz gut: Einige Wochen – einmal sogar Monate! – konnte ich eine Routine aufbauen. Doch dann hatte ich „Knie" oder „Rücken" oder „Hüfte" und habe es wieder komplett aufgegeben.

Dieses Muster konnte ich erst auflösen, als ich das Konzept des Growth Mindset zu verstehen begann und mich mit der Positiven Psychologie beschäftigte. Das hat für mich dazu geführt, dass ich jetzt beim Ashtanga Yoga endlich durchgehalten habe. Dieses Mal kommt aufgeben für mich nicht in Frage. Was ist jetzt anders? Meine Vision ist: Ich möchte mit 95 Jahren mit meinem Mann auf unserer goldenen Hochzeit Salsa tanzen. Und ich möchte mit meinen

---

[14] Darstellung in Anlehnung an die tolle Erklärung von Trevor Ragan: https://youtu. be/75GFzikmRY0 (in Englisch).

Urenkeln auf eigenen Füßen, ohne Rollator in den Zoo gehen. Dafür bin ich bereit Zeit und Mühe zu investieren!

In den ersten Monaten hatte ich beim Yoga wahnsinnige Schmerzen, eigentlich im ganzen Körper, besonders aber im Ellenbogen. Ich war wieder mehrmals drauf und dran aufzugeben, weil ich mir einfach nicht vorstellen konnte, dass es jemals besser werden könnte. Da fehlte mir ja auch jegliche Erfahrung: Ich hatte immer aufgegeben, wenn es schwierig wurde oder wenn ich Schmerzen bekam.

Meinem Mann schien alles viel leichter zu fallen. Er hatte ja schließlich auch sein Leben lang sehr viel Sport gemacht. Ein Naturtalent, was Bewegung und Kraft angeht, während ich das Talent in meinen Augen einfach nicht hatte. Wenn ich mich mit den anderen Yogis verglich, fand ich es irgendwie peinlich, wie steif ich war. Vielleicht wäre es eine gute Idee, Yoga einfach alleine zu Hause zu üben – da sieht mich keiner? Selbst die freundlichen und sanften Korrekturen der Lehrenden empfand ich als entmutigend. Hatten die denn nicht gesehen, was für tolle Fortschritte ich schon gemacht hatte? Jetzt konnte ich schon so viel mehr und es war immer noch nicht gut genug? Das frustrierte mich total.

Auch wenn mich der Spruch „Übung macht den Meister" mein Leben lang begleitet hat, habe ich mich nie gerne körperlich angestrengt, um in irgendetwas besser zu werden. „Das kann ich nicht", war schnell meine Ausrede und führte regelmäßig zum abrupten Ende meiner sportlichen Bemühungen.

Und jetzt? – Auch wenn es mich mental immer noch sehr herausfordert, gelingt es mir immer besser mich nicht demotivieren zu lassen und das Feedback der Lehrenden anzunehmen. Um Fortschritte zu erzielen, bin ich regelmäßig bereit viel Zeit zu investieren. Nach fast drei Jahren Praxis vergleiche ich mich meist nur noch mit meinem „früheren Selbst" und sehe, wie toll ich mich entwickelt habe. Ich weiß natürlich auch, was ich noch nicht kann. Jetzt habe ich aber mehr Lust und Spaß entwickelt, dran zu bleiben.

Mir ist hier der Wechsel zu einem Growth Mindset weitgehend gelungen. Zwar erlebe ich noch manchmal Rückfälle und bin frustriert, aber ich gebe nicht auf. Was mir dabei am besten geholfen hat, ist meine starke Vision, gesund und körperlich fit sehr alt zu werden und für meine Liebsten da zu sein.

Dein Mindset bestimmt also, ob du eher zufrieden und glücklich bist oder eher frustriert und pessimistisch. Ist dein innerer Kritiker häufig sehr laut, kann dir das deine Stimmung ordentlich verhageln. Deine Haltung bestimmt auch, ob du dich eher als Opfer der Umstände wahrnimmst – also als Passive Victim – oder ob du – als Active Agent – nach einem ersten Schock schnell wieder ins Handeln kommst.

Erkenne und nutze die Chancen – als Active Agent

Du kennst vielleicht den Dreiklang: love it, change it, or leave it – also liebe es, verändere es oder lass es. Du kannst das noch ergänzen durch: … und wenn Du es nicht ändern kannst, verändere deine innere Einstellung dazu. In jedem Fall lautet der Rat, aktiv zu sein. Und darum geht es mir hier.

Hast Du auch schon mal beobachtet, wie unterschiedlich Menschen mit bestimmten Herausforderungen umgehen? Zum Beispiel Menschen, die eine echt lebensbedrohliche Diagnose erhalten haben, wie Diabetes, Herzinfarkt oder Krebs: Die einen wollen am liebsten, dass der Arzt ihnen eine Pille verschreibt, damit sie genauso weitermachen können wie bisher. Andere fangen an aktiv zu werden, suchen nach den Ursachen, bewegen sich mehr, stellen die Ernährung um, sorgen für Entspannung und krempeln ihr Leben komplett um.

Für unser psychisches Wohlbefinden ergibt es einen großen Unterschied, ob wir uns als selbstwirksam und aktiv erleben oder ob wir uns als Opfer der Umstände wahrnehmen. Veränderungen, die von außen provoziert werden, mögen die meisten Menschen nicht besonders gerne. Sie gehen ganz unterschiedlich damit um: zum Beispiel Mitarbeiter bei der Ankündigung von Veränderungen und drohendem Arbeitsplatzverlust.

Ein Opfer der Umstände: Passive Victim

Die eine Gruppe von Menschen verfällt in eine Art Schockstarre, aus der sie sich mit Selbstmitleid oder Wut zu befreien versuchen. „Dass so was aber auch immer MIR passieren muss!", „Hätten die das nicht anders lösen können? Ich habe ja immer gesagt, dass …, aber mich fragt ja keiner!" Sie fangen an, sich bei ihren Kolleginnen und Kollegen zu beschweren. Nehmen das Thema mit nach Hause und erzählen dem Partner und den Freunden davon. Es geht nur noch darum: Wie ungerecht doch alles ist und wie düster die Aussichten sind. Nach dem Motto: „Früher war alles besser, auch die Zukunft!"

Das ganze Denken kreist ständig um das Problem, ist morgens der erste und abends der letzte Gedanke. Es entsteht ein Gefühl von Ohnmacht und Frust. Passive Victims erleben sich als Opfer und scheinen in dieser Abwärtsspirale der Gefühle vor lauter Stress außerstande zu sein, lösungsorientiert zu denken.

Sich regen bringt Segen: Active Agent

Andere scheinen dagegen mit solch umwälzenden Gegebenheiten oder Bedrohungen viel leichter ihren Frieden zu finden. Nach dem ersten Schock lösen sie sich schneller aus der Starre. Sie fangen an nach Lösungen zu suchen, nach Chancen, die sich für sie aus einer Veränderung, z. B. im Job ergeben könnten.

Sie sind sich sicher, dass sie in einer neuen Organisation neue interessante Aufgaben finden werden. Sie sind im Zweifel schneller bereit, sich ganz neu zu orientieren, etwa eine Umschulung anzustreben oder sich sogar einen neuen Arbeitgeber zu suchen.

Sie blicken mit viel Hoffnung und Optimismus in die Zukunft – nach dem Motto: „Am Ende wird alles gut. Wenn es nicht gut ist, dann ist es noch nicht zu Ende." Mit dieser Haltung entsteht schneller eine Leichtigkeit, die es ermöglicht, den Blick zu weiten und das große Ganze zu erkennen. Auf diese Weise werden die Veränderungen nicht als persönlicher Angriff missverstanden.

Es kommt ganz auf die Situation an

Du bist nicht IMMER ein Active Agent oder IMMER ein Passive Victim. Das Modell ist nicht als Schublade zu verstehen. Trifft eine Herausforderung von außen eher auf deine Stärken, wird es dir leichter fallen, schnell Lösungen zu finden. Trifft dich die Krise aber an einer Schwachstelle und nagt an deinem Selbstbewusstsein, ist es umso wichtiger, schnell ins Handeln zu kommen und sich eventuell Hilfe von außen zu suchen.

Ob du Solopreneur oder Unternehmerin mit Mitarbeiterverantwortung bist: Aktiv nach vorne zu denken ist essentiell. Achte darauf, mit wem du dich austauschst. Meide Gesprächspartner, die alles Leid der Welt auf ihren Schultern zu tragen scheinen. Suche nach Communities, die dich unterstützen, die dich aufbauen und deine Kreativität anregen. Es kann dich schon beruhigen, wenn du weißt: „Es geht mir nicht alleine so."

Bist du ein Active Agent?

Unser Leben wird so viel leichter, wenn wir nicht die Schuld bei anderen suchen und lernen loszulassen bzw. auch unangenehme Dinge zu akzeptieren. Die Wissenschaftler der Positiven Psychologie haben unzählige Menschen interviewt, die in Umfragen subjektiv der Meinung waren, ein glückliches und zufriedenes Leben zu führen.

Nachahmenswert ist es demnach,

- ☐ aktiv zu werden,
- ☐ sich verantwortlich zu fühlen,
- ☐ Selbstvertrauen zu entwickeln,
- ☐ optimistisch zu sein.

An dir arbeiten kannst du, wenn du in bestimmten Situationen

- ❏ Selbstmitleid empfindest,
- ❏ dich beschwerst,
- ❏ frustriert bist.
- ❏ Wut empfindest.

Doch bevor du überhaupt irgendetwas ändern kannst, ist es wichtig, dir selbst auf die Schliche zu kommen. Finde heraus, wann du welche der beiden Handlungsmuster typischerweise zeigst.

Übung: Active Agent / Passive Victim

- ❏ Beobachte eine Woche lang, in welchen Situationen du dich wie ein Active Agent verhältst und in welchen Situationen als Passive Victim!
- ❏ Erkennst du eine Systematik hinter deinem Verhalten?
- ❏ Wie könntest du auch in den Situationen, in denen du bisher wie ein Passive Victim reagierst, zukünftig als Active Agent agieren?
- ❏ Was kannst du für zukünftige Ereignisse daraus für dich ableiten und dir vornehmen?

Dazu ein kleines Beispiel: Unsere Haushaltshilfe kommt turnusmäßig alle 14 Tage zu uns. Ich weiß nicht, ob das bei dir auch so ist, doch bevor sie zu uns kommt, räume ich erstmal die komplette Wohnung auf und richte meine ganze Morgenroutine auf acht Uhr aus, um ihr geduscht und angezogen die Tür öffnen zu können. Es wird Viertel nach acht, halb neun und neun Uhr – sie kommt einfach nicht. Hat sie abgesagt? Nein! Habe ich das Klingeln nicht gehört? Keine Ahnung! Ich bin schon total genervt und gestresst als mir wieder einfällt, dass heute Rosenmontag ist. Als Zugezogene ist das für mich kein besonderer Feiertag – in Köln aber schon!

Was mich hier zum Passive Victim macht ist, dass ich total schlechte Laune bekommen habe und mir den Vormittag habe vermiesen lassen. In meinem Kopf kreisten die Gedanken: Sie hätte doch anrufen können! Jetzt sitze ich hier auf heißen Kohlen und warte! Wie rücksichtslos ist das denn bitte … Und so weiter. Ich fühlte mich als Opfer der Umstände.

Wie hätte ich als Active Agent in dieser Situation handeln können? Ich hätte ganz einfach um Viertel nach acht bei unserer Hilfe anrufen können, um zu klären, wo sie denn bleibt. Anstelle zu warten, hätte ich auch einfach das Haus verlassen können, um zu tun, was ich vorhatte. Dann steht sie halt vor der geschlossenen Tür. Ich hätte auch schon im Vorfeld mit der Disponentin klären können, ob an Rosenmontag überhaupt gearbeitet wird. Und ich hätte mich einfach an der schön aufgeräumten – wenn auch noch nicht sauberen – Wohnung freuen können.

Was kann ich aus der Situation für zukünftige Ereignisse lernen? Zum einen: Besser auf mein Bauchgefühl hören. Ich hatte im Vorfeld schon gedacht: Na, ob sie am Rosenmontag wohl arbeitet? Fand dann aber, dass sie schon was sagen würde, wenn sie nicht kommt. Der vereinbarte Rhythmus ist ja 14tägig. Ich werde beim nächsten Mal im Zweifel lieber vorher konkret nachfragen. Und, so oder so, werde ich künftig maximal eine Viertelstunde warten und dann anrufen oder das Haus verlassen und habe das auch so kommuniziert.

In den Arbeitsunterlagen zu diesem Buch findest du noch weitere Beispiele und eine Vorlage, um diese Reflektion für eine Woche durchzuführen.

Du erhältst sie kostenlos unter: www.susanneklein.coach/starke-unternehmerin.

Genauso, wie wir es in der Hand haben, uns aktiv oder passiv zu verhalten, können wir auch beeinflussen, welche Bedeutung wir den Ereignissen unseres Lebens beimessen – eine positive oder eine negative.

Pessimismus oder Optimismus – eine Frage des Interpretationsstils

Psychologen sprechen von Interpretationsstil, wenn von Optimismus und Pessimismus die Rede ist. Ein objektives Ereignis wird also – je nach Stil – unterschiedlich eingeschätzt und führt deshalb zu deutlich anderen Gedanken und Reaktionen.

Ein kleines Beispiel: Stellen wir uns vor, ein Pessimist und ein Optimist wollen es schaffen, auf einem Geländer von, sagen wir, 50 cm Höhe und fünf Meter Länge balancieren zu lernen.

Der Pessimist zuerst. Er denkt: „Oh, das wird schwierig! Das schaffe ich im Leben nicht. Ich habe Angst runterzufallen und mir weh zu tun. Wie peinlich, wenn ich es nicht schaffe. Am liebsten würde ich es gar nicht erst versuchen." Trotzdem versucht er es. Er kann sich fünf Schritte oben halten, verliert das Gleichgewicht und nach drei weiteren Schritten steigt er ab.

Seine Gedanken: „Mist, hab' ich doch gleich gesagt. Ich habe ich einfach kein Talent dafür. Ich gebe auf und räume das Feld für die, die es können." Seine Erwartung, es nicht hinzubekommen ist kurzfristig sehr realistisch und im Sinne der sich selbsterfüllenden Prophezeiung langfristig auch, weil er tendenziell zu früh aufgibt.

Selbst in dem Fall, dass der Pessimist es auf Anhieb über die ganze Länge schafft, obwohl er überzeugt war, es gelänge ihm nicht, denkt er nur: „Glück gehabt."

Er ist froh, sein Gesicht nicht verloren zu haben und steigt kein zweites Mal auf, um jedenfalls den Schein zu wahren. (vgl. Fixed Mindset)

Ganz anders der Optimist. Der denkt sich: „Wie cool! Das werde ich auf jeden Fall schaffen." Steigt auf und stürzt – genau wie der Pessimist – nach acht Schritten ab. Doch bei ihm ergibt sich etwas anderes: „Hm, was habe ich falsch gemacht? War ich zu schnell? Zu langsam? Was muss ich mit den Armen machen?" Und so weiter. Er wird andere beobachten, sich Feedback holen und mit großem Spaß immer und immer wieder aufsteigen, runterfallen, aufsteigen, runterfallen – bis er es kann. Seine kurzfristige Erwartung „Das kann ich." war zwar unrealistisch, langfristig stellt sich der Erfolg dann aber doch ein. (vgl. Growth Mindset)

Der eingangs erwähnte Interpretationsstil macht also einen riesigen Unterschied: Der Pessimist hält die Gegebenheiten für permanent („Das wird mich lange verfolgen.") und allgemeingültig („Das lerne ich nie."), der Optimist interpretiert sie als temporär („Beim zweiten Mal wird es sicher besser klappen.") und spezifisch („Ich kann es NOCH nicht."). Die gute Nachricht: Optimismus kann man lernen!

Alles also eine Frage der Einstellung – wir erinnern uns: Äußere Umstände wirken zu zehn Prozent, unsere Gene zu 50 Prozent und unser Denken und Tun zu 40 Prozent auf unser Wohlbefinden. Growth Mindset, Optimismus, Active Agent und der Blick für das Positive steigern unseren Happiness-Level. Fixed Mindset, Pessimismus und ständiges Jammern als Passive Victim ziehen uns und unser Umfeld immer weiter nach unten.

Im Jammertal verdienst du keine Lorbeeren

Im Jahr 2006 betreute der Priester Will Bowen eine Gruppe von Jugendlichen in seiner Gemeinde in den USA. Die Stimmung war aggressiv und feindselig und es gehörte zum guten Ton, sich über alles und jeden zu beschweren. Bowen hegte jedoch die Hoffnung, das soziale Klima in dieser Gruppe verbessern zu können – und er hatte eine geniale Idee.

Er lud die Jugendlichen zu einem Experiment ein: 21 Tage lang sollten sie nicht meckern, maulen, motzen und lästern. Dazu verteilte er kleine Armbändchen an die Gruppe und die Aufgabe war, jedes Mal das Bändchen von einem auf das andere Handgelenk zu wechseln, wenn sie merkten, dass sie sich wieder beschwert hatten. In diesem Fall fingen die 21 Tage wieder von vorne an. Das Ziel war, das Bändchen volle 21 Tage am selben Arm zu behalten.

> Warum 21 Tage? Wenn wir eine neue Gewohnheit etablieren wollen, braucht unser Gehirn eine gewisse Zeit – je nach dem etwa drei bis neun Wochen – bis diese Verhaltensweise unser neues „Normal" wird. Wir haben sie dann so verinnerlicht, dass wir nicht mehr darüber nachdenken müssen und automatisch in der gewünschten neuen Weise reagieren. Diese automatischen Reaktionen werden von einem anderen Teil in unserem Gehirn gesteuert als die bewussten Entscheidungen, die wir immer wieder neu treffen müssen. Und wir haben täglich nur eine limitierte Kapazität, um uns zu entscheiden. Gewohnheiten sparen unserem Denkorgan kostbare Energie

Nicht lange, und die Eltern der Jugendlichen bemerkten, dass sich der Umgangston ihrer Kinder massiv verbesserte. Es war wieder leichter möglich, mit ihnen in Kontakt zu kommen. Und auch die Eltern waren motiviert, sich an der Challenge zu beteiligen. Das wiederum wirkte sich auf deren weiteres Umfeld aus, privat wie beruflich. Die Idee ging schließlich von dort aus um die ganze Welt. Inzwischen sind – laut Website – allein von Will Bowen über 12 Millionen Bändchen in 106 Ländern verteilt worden. Auch viele Unternehmen haben die Idee aufgegriffen, selbst Bändchen produziert und sie verteilt, um das Betriebsklima zu verbessern.

Was ist eigentlich das Problem mit dem Beschweren?

Wohlgemerkt: Es geht in diesem Zusammenhang nicht darum, berechtigte Kritik zu vermeiden. Wenn Deadlines nicht eingehalten werden, die Qualität einer Arbeit nicht passt oder sonst etwas wirklich nicht in Ordnung ist, dann muss das zeitnah konstruktiv angesprochen und bereinigt werden. Allerdings ist es wichtig, sich dann auch bei demjenigen zu beschweren, der tatsächlich Einfluss auf die Lösung nehmen kann. Beschwere ich mich dagegen einfach bei irgendwem über die schlechten Leistungen eines Dritten, fällt das genau in die Kategorie, um die es bei diesem Konzept geht: um die Art von Beschwerden, die mich und meine Umgebung buchstäblich be-SCHWEREN, die rundherum Schwere verbreiten und deshalb nur neue Schwierigkeiten provozieren.

> Die Beschwerden der Beschäftigten können darüber hinaus auch als Kostenfaktor gewertet werden: Im Schnitt beschweren sich 78 Prozent aller Angestellten in den USA ca. 4,5 Stunden pro Woche. Und von elf Beschäftigten verlässt einer seinen Job aufgrund der andauernden Beschwerden seiner Kolleginnen und Kollegen. Viel Zeit, Geld und Knowhow gehen den Unternehmen da verloren.[15]

---

[15] Vgl. www.willbowen.com.

Sich zu beschweren – hält den Fokus auf dem Problem

Erinnere dich an das letzte Mal, wo du dich so richtig geärgert hast oder wütend warst. Vielleicht ein Streit mit jemandem, von dem du dich ungerecht behandelt gefühlt hast, oder wo ihr zu keiner Lösung für ein wichtiges Problem gekommen seid. Noch Stunden danach geht dir der Streit nicht aus dem Kopf. Du überlegst, was du hättest sagen können, und ärgerst dich über das, was vom anderen gesagt wurde. Und vielleicht unterhältst du dich über den Streit mit deinem Kollegen, deiner Freundin und deinem Partner. Wir wollen in unserer Meinung bestätigt werden und der andere soll bitte schuld sein.

Durch das bloße „Nacherzählen" bleibt unser Fokus allerdings auf unserem Problem. Eine Lösung finden wir sehr wahrscheinlich erst mit etwas Abstand und einem kühlen Kopf. Am besten suchen wir ein konstruktives Gespräch mit dem Kontrahenten, wenn die Emotionen sich wieder etwas gelegt haben.

Sich zu beschweren – ruiniert die Gesundheit

Körper und Geist gehören untrennbar zusammen. Wenn jemand die Tendenz hat, sich über alles und jeden zu beschweren und aufzuregen, belastet er oder sie den Körper permanent mit den negativen Emotionen und mit der damit verbundenen Ausschüttung von Stresshormonen. Das alleine ist schon sehr ungesund.

Doch wer ständig meckert, sucht in der Regel die Schuld für seine Misere bei anderen. So kann im Fall einer Krankheit beispielsweise ein ursächlicher Beitrag durch das eigene Verhalten übersehen werden. Es wird erwartet, dass der Arzt einen mit einem Fingerschnippen gesund macht, ohne dass man selbst etwas dazu beitragen müsste, sei es, die Ernährung umzustellen, schlechte Gewohnheiten aufzugeben oder auch bloß, die verordneten Medikamente zu nehmen. Bleibt der Heilungserfolg aus, ist auf jeden Fall der „unfähige" Arzt schuld.

Immer wieder hört man von Patienten, die trotz guter Prognose ihrer Ärzte nicht an einen Heilungserfolg glaubten und verstarben. Umgekehrt überleben Menschen eine Krankheit, weil sie offenbar fest daran glauben, zu den statistischen 10–20 Prozent zu gehören, die diese Krankheit überwinden würden. Der Glaube versetzt Berge – positiv wie negativ.

Sich zu beschweren – zerstört die Beziehungen.

„Wie auch immer du eine Person beschreibst, so wird sie für dich auch sein", witzelt Bowen in einem seiner YouTube-Videos.[16] Er beobachtet, dass sich Frauen häufig verabreden, um dann ausgiebig über ihre Männer herzuziehen

---

[16] Will Bowens Vortrag zu seinem Konzept: https://youtu.be/AYHP0VzYKQU (in Englisch).

und beschreibt das dann augenzwinkernd als „Gruppentherapie im Restaurant". Beziehungsforscher sind sich sicher, dass das Meckern eine der Hauptursachen für scheiternde Beziehungen ist.

Was für Paare richtig ist, gilt auch für Freundschaften und Arbeitsbeziehungen. Wenn ein Freund oder eine Freundin in einer Krise ist, schenken wir sehr gerne unsere Aufmerksamkeit, reden gut zu und bauen auf. Beschleicht uns aber das Gefühl, dass sich die Freundin in einer Opferrolle eingerichtet hat, aus der sie anscheinend gar nicht heraus will, dann erleben wir die Beziehung zunehmend als anstrengend und unerfreulich. Wir beginnen uns zurückzuziehen, weil wir uns nicht regelmäßig die Laune verderben lassen wollen. Genauso vermeiden wir Geschäfte mit Menschen, deren Hobby es zu sein scheint, Leute zu verklagen und nur ihren persönlichen Vorteil aus den Geschäften zu ziehen. Und niemand will Kunden, die nach jedem Kauf mit einer Reklamation zu uns zurückkommen.

Sich zu beschweren – limitiert den beruflichen Erfolg

Hast du dich auch schon mal gefragt, wie das Lästermaul aus einem Meeting über *dich* redet, wenn du nicht dabei bist? Zwar kann Lästern auch das Zusammengehörigkeitsgefühl steigern – wir gegen die – aber insgesamt ist die Stimmung oft nicht wirklich heiter. Es bleibt ein fader Beigeschmack und das Lachen bleibt einem nicht selten im Halse stecken.

Wenn du in einen Laden kommst, kannst du häufig direkt spüren, welches Betriebsklima dort herrscht. Je besser es ist, desto wohler fühlst du dich und desto wahrscheinlicher nimmst du das Angebot in Anspruch. – Und du kommst wieder!

Wenn du in deinem eigenen Business bemerkst, dass deine Angestellten viel Zeit mit Beschwerden und Lästereien verplempern, ist es Zeit zu handeln! In eine Beschwerde fließt nämlich sehr viel Energie. Sie geht unproduktiv verloren und fehlt dann, wenn nach konstruktiven Lösungen gesucht werden sollen. Miesepeter im Unternehmen sind wie Unkraut im Garten: Wenn du nicht aufpasst, überwuchern sie dir alle sorgfältig angelegten Pflänzchen.

Welche Gründe führen zu den Meckereien?

Wir kennen jetzt die Probleme, die das Jammern und Lästern mit sich bringen. Bowen hat fünf Gründe ausgemacht, die zu Beschwerden führen und hat das

Akronym GRIPE (auf Deutsch = Meckern, Maulen oder Motzen) gebildet, um es sich besser merken zu können:

- **G**et Attention – Aufmerksamkeit bekommen
- **R**emove Responsibility – Verantwortung wegschieben
- **I**nspire Envy (Brag) – Neid wecken (prahlen)
- **P**ower – Macht
- **E**xcuse Poor Performance – Schlechte Leistung rechtfertigen

Zu diesen fünf Mustern schlägt Bowen jeweils auch gleich konstruktive Herangehensweisen vor, um mit den Beschwerden anderer positiv umzugehen und sich nicht selbst in den Negativstrudel hineinziehen zu lassen.

Get Attention – Aufmerksamkeit bekommen

Eines unserer Grundbedürfnisse ist ja, sich verbunden und zugehörig zu fühlen. Der Mensch ist ein soziales Wesen. Und so suchen wir Gemeinsamkeiten mit den Menschen um uns herum, um ins Gespräch zu kommen. Dabei hat es sich scheinbar etabliert, dass wir häufig in einen Small Talk mit einer Beschwerde einsteigen: „Schlimm dieser Regen seit Tagen.", „Die Temperaturen sind nicht zum Aushalten, es ist viel zu heiß!", „Heute war es wieder unmöglich einen Parkplatz zu finden." oder „Ich habe wieder so viel Stress bei der Arbeit, das kann ja kein Mensch alles schaffen."

Im Klartext heißt das: „Bitte beschwer dich mit mir, damit wir ein gemeinsames Thema haben und ich mich mit dir verbunden fühlen kann." Und üblicherweise reagieren wir auf so etwas auch erleichtert und beschweren uns mit dem anderen über das eingebrachte Thema, sei es im Aufzug, auf einer Party oder bei einer Konferenz. Wir sind dankbar, dass das Schweigen gebrochen ist und wir uns nicht mehr alleine oder ausgeschlossen fühlen.

Wie könnten wir anders mit dieser Gewohnheit umgehen? Eine Idee ist, herauszufinden, was denn das Gute im Ärgerlichen ist: „Ja wirklich, jetzt regnet es schon seit Tagen. Doch die Pflanzen freuen sich nach der langen Trockenheit und ich muss heute Abend nicht gießen.", „Ja, sehr heiß heute! Ich freu mich auf mein Eis in der Pause und nach Feierabend treffe ich meine Freunde im Biergarten. Was machst du Schönes heute Abend?", „Ja, das ist wirklich schwierig hier mit den Parkplätzen. Schön, dass du jetzt einen gefunden hast.", „Dass du gestresst bist, glaube ich dir gerne. Insgesamt macht dir die Arbeit doch Spaß, oder? Was ist denn das Schönste an deiner Arbeit?"

Das Ziel ist, sich nicht in den Negativstrudel hineinziehen zu lassen und einer Beschwerde und dem Kontaktangebot des anderen positiv zu begegnen – besonders, wenn du an der 21-Tage-Challenge teilnimmst und das Bändchen nicht wechseln möchtest.

Dabei kann der Einstieg in einen Small Talk auch anders gehen. Ein Beispiel auf einer Geburtstagsparty hat mich nachhaltig beeindruckt: Dirk, der Freund eines Freundes, den ich nur einmal im Jahr auf eben dieser Party treffe, kam mit der Frage auf mich zu: „Susanne, was war denn dein schönstes Urlaubserlebnis im vergangenen Jahr?" Ist das nicht ein genialer Einstieg in ein positives Gespräch?

Remove Responsibility – Verantwortung wegschieben

Manchmal, wenn wir jemanden um Hilfe bitten, werden wir bei einer Absage das Gefühl nicht los, dass sich jemand beschwert, nur um sich aus der Verantwortung zu stehlen. „Sorry, aber das kriege ich nicht auch noch in meinem Kalender unter. Die ganze Arbeit, die mir der Chef noch zusätzlich aufgebrummt hat. Das ist echt nicht fair.", „Ich kann dir nicht beim Umzug helfen, ich muss für meine Mutter Einkaufen, sonst kriege ich Ärger!", „Ich kann dein Kind nicht von der Kita mitnehmen, weil ich mal wieder das Auto mit Altglas und Papier voll habe."

Übersetzt heißt das: Ich werde nicht tun, worum du mich bittest, und ich benutze meinen Chef, meine Mutter oder das volle Auto als Ausrede. Sich darüber zu ärgern oder zu sagen: „Ich hab dir doch das letzte Mal auch geholfen", ist verständlich, hilft aber nicht weiter. In so einer Situation hilft es auch nicht, der betreffenden Person Vorschläge zu machen, wie sie dich deiner Meinung nach doch unterstützen könnte. Das provoziert häufig einfach nur noch weitere Ausflüchte.

Bowen schlägt vor, in so einem Fall mit einer Frage im Konjunktiv zu reagieren: „Wenn es möglich wäre, was würdest du tun?" So könnte es gelingen, den anderen von der Abwehrhaltung in einen Lösungsmodus zu versetzen. Rechne allerdings nicht gleich damit, dass das sofort bei der ersten Frage schon klappt. Es werden noch weitere Gründe und Ausflüchte folgen, warum der Auftrag nicht angenommen, die Bitte nicht erfüllt werden kann. Deshalb bleib dran und sag: „Ja, das verstehe ich. Doch wenn es möglich wäre, was würdest du tun?" Vielleicht taucht dann beim dritten oder vierten Mal ein Lösungsvorschlag auf. Aus meiner Sicht ist es ein Versuch wert, auf diese Weise einen möglichen Konflikt zu vermeiden. Insbesondere dann, wenn du – als Chefin oder Elternteil beispielsweise – die formale Macht hättest, die Aufgabe einfach anzuordnen.

Wenn du dabei selbst noch gelassen bleiben kannst, geht es dir nach so einem Gespräch auf jeden Fall nicht schlechter und du wirst im Zweifel sicher selbst eine gute Lösung finden – auch ohne die Hilfe der angesprochenen Person. Gut, wenn du die Sache dann einfach auf sich beruhen lassen kannst, ohne dass deine Gedanken darum kreisen, wie blöd du findest, dass dir dieses Mal nicht geholfen wurde.

Inspire Envy (Brag) – Neid wecken (prahlen)

In diese Kategorie fallen alle Lästereien, die nur den Effekt haben, jemand anderen schlecht dastehen zu lassen und dabei selbst besser weg zu kommen. „Hast du gehört – nicht nur, dass Tinas Team die Deadline gerissen hat, sie hat auch noch einen Bug in der Software nicht bemerkt!", „Wie die wieder aussieht! Das Top zu der Hose geht ja gar nicht!", „Die ist zwei Wochen nach der Geburt wieder voll in den Job eingestiegen. Das arme Kind!"

Übersetzt heißt das: „Ich hätte pünktlich geliefert, ich bin eine bessere Chefin als Tina.", „Ich weiß, wie man sich styled, ich bin hipper.", „Ich würde mein Kind niemals so früh abgeben, ich bin die bessere Mutter." Mit dem Lästern über andere entsteht ein soziales Gefälle: Ich bin gut – die anderen sind schlecht.

Lästern macht Spaß, besonders wenn du das Opfer nicht so gut leiden kannst oder sogar unter der Person leidest. Für die Gruppenbildung und den Zusammenhalt dient die Chefin dann als gemeinsames Feindbild, gegen das man sich mit viel Galgenhumor hinter ihrem Rücken wehrt. Trotzdem gut für dich und die 21-Tage-Challenge, wenn du dich nicht verleiten lässt, über Abwesende mit zu lästern.

Hinter den Spötteleien kann auch das Bedürfnis liegen, sich rückzuversichern. „Bin ich richtig?", „Bist du auf meiner Seite?", „Siehst du meine Stärken?" Also eine Art „Fishing for Compliments". Und es mag dir daher erst einmal sehr seltsam vorkommen, auf eine solche Tirade tatsächlich auch mit einem Kompliment zu reagieren: „Ich weiß, du bist wirklich super strukturiert und hältst deine Zusagen zuverlässig ein.", „Du hast einen superguten Stil. Deine Outfits sind immer sehr ausgesucht." oder „Dir ist es total wichtig, für dein Kind da zu sein und ihm Geborgenheit und Urvertrauen zu geben."

So kann aus der Lästerei ein stärkendes Gespräch mit deiner Kollegin, Freundin oder „Mit-Mutter" werden, sofern es dir gelingt das dahinterliegende Bedürfnis des anderen zu erkennen und anzusprechen. Ertappst du dich selbst beim Lästern, ist es in der Selbstreflexion auch interessant herauszufinden, was deine dahinter liegende Motivation sein könnte.

Power – Macht

Mehrheiten geben Macht. Um Allianzen zu bilden beschwert man sich beim Chef oder anderen Entscheidungsträgern hinter dem Rücken der Betroffenen, z. B. über die Konkurrenz, um diese in schlechtem Licht dastehen zu lassen. „Jan ist ja ein toller Kerl, aber sein Projektmanagement lässt echt zu wünschen übrig. Die Meetings sind unstrukturiert und die Arbeitspakete liefert er selten rechtzeitig in der nötigen Qualität ab. Ich weiß nicht, ob er das Zeug zum Chef hat.", „Wenn sie nicht so arrogant wäre und andere Mal zu Wort kommen ließe, könnte sie ja vielleicht den Vorstandsvorsitz im Verband übernehmen. Aber so …?", „Der Vortrag war ja ganz ok. Aber ob er tatsächlich die Expertise für diesen Auftrag hat? Ich hab' da so meine Zweifel."

Übersetzt heißt das: Ich will die Führungsrolle / den Verbandsvorsitz / den Auftrag, hilf mir die Konkurrenz schlecht zu machen, damit ich zum Zug komme.

In so einem Fall ist die Devise ganz klar: Nicht in den Konflikt hineinziehen lassen und sich auf keine Seite schlagen. „Wenn im Dschungel zwei Gorillas kämpfen – geh nicht in den Dschungel!" Selbst wenn du ebenfalls nicht überzeugt von der Leistung bist, ist es eine gute Entscheidung, sich rauszuhalten. Du könntest ähnlich wie beim Lästern vorgehen und ein Lob aussprechen, um das Bedürfnis des anderen zu befriedigen.

Wenn aber erkennbar ist, dass es um einen Konflikt zwischen den zwei Beteiligten geht, könntest du reagieren mit: „Mir scheint, ihr beiden habt da eine Menge zu klären." Als Chefin der beiden wäre es dann im Bedarfsfall hilfreich, ein moderiertes Schlichtungsgespräch anzubieten.

Excuse Poor Performance – Schlechte Leistung rechtfertigen

Die Deadline ist verstrichen, die Qualität der abgelieferten Arbeit entspricht nicht der Vereinbarung, kurz: Es ist etwas schiefgelaufen. Die Beschwerden in dieser Kategorie dienen dazu, einen Schuldigen zu finden und von der eigenen Unzulänglichkeit abzulenken. „Die Buchhaltung hat die Zahlen viel zu spät geliefert. Deshalb konnte ich den Bericht nicht rechtzeitig abgeben!", „Du hast mir deine Telefonnummer nicht gegeben. Deshalb konnte ich dir nicht sagen, dass ich nicht kommen kann.", „Sabine hat nicht eingekauft, deshalb konnte ich nicht wie versprochen für uns kochen."

Übersetzt heißt das: „Eigentlich habe ich bis zur letzten Minute gewartet, die Buchhaltung nach den Zahlen zu fragen. Und jetzt haben sie mir die Zahlen nicht rechtzeitig geliefert, deshalb ist es deren Schuld und nicht meine.", „Ich hatte gar nicht vor zu kommen, deshalb habe ich auch nicht nach deiner Nummer gefragt. Du hast sie mir aber auch nicht gegeben. Selbst schuld.", „Wenn Sabine rechtzeitig mit den Einkäufen da gewesen wäre, hätte ich kochen können. Aber so …"

So ärgerlich und „durchsichtig" solche Ausflüchte auch sein mögen, es nützt gar nichts, sich aufzuregen. Die Frage nach dem Warum führt lediglich zu noch mehr Ausreden und Entschuldigungen. Das nervt, kostet Zeit und Energie – *deine* Energie!

Stattdessen ist es hilfreicher, den Fokus auf die Zukunft zu legen. Zum Beispiel mit: „Wie stellst Du sicher, dass die Dinge nächstes Mal besser laufen?" Antworten auf diese Frage legen die Basis für eine gute, verlässliche Zusammenarbeit. Aus den Vorschlägen könnt ihr dann ganz konkrete Vereinbarungen treffen, die aus eigener Kraft erfüllt werden können und sich gut von euch messen lassen. Bleib immer gesprächsbereit und widerstehe dem Impuls, es dann doch eben schnell selbst zu erledigen oder den anderen als „Niete" abzustempeln.

Die 21-Tage-Challenge

Bevor wir andere auf den „Pfad der Tugend" bringen können, sollten wir uns erst mal an die eigene Nase packen. „Mit den Beschwerden ist es in etwa so, wie mit schlechtem Atem. Der fällt uns nur auf, wenn er aus dem Mund der anderen kommt", scherzt Bowen gerne. Am Anfang steht tatsächlich, sich über seine eigenen Beschwerdegewohnheiten bewusst zu werden. Als ich die Challenge angenommen hatte, fand ich es erst mal besonders spannend herauszufinden, welche der fünf Beschwerdekategorien ich selbst anwende oder bei anderen entdecken konnte. – Die fünf Gründe sind übrigens interkulturell und weltweit die gleichen, schwört Bowen.

Ich ermuntere dich, die Challenge auf jeden Fall einmal auszuprobieren! Als Bändchen kann dir ein Haargummi genauso gut dienen, wie jedes Armband mit Gummizug. Ziel ist es wie gesagt, das Bändchen 21 Tage am Stück an einem Handgelenk zu tragen. Bei jeder Beschwerde geht es zurück zu Tag eins. Erfahrungsgemäß dauert es fünf bis acht Monate, bis du tatsächlich „beschwerdefrei" bist. Und leichter wird es sicher, wenn du das zusammen mit deinem Team oder der Familie ausprobierst.

Wenn du dir selbst ganz gut auf die Schliche gekommen bist, dann kannst du ganz vorsichtig auch auf andere positiv einwirken. Stell die entsprechenden Fragen, geh auf die dahinter liegenden Bedürfnisse ein, geh mit den Beschwerden lösungsorientiert um – und erzähl von deinen Erfahrungen mit deiner Challenge. Was nicht funktionieren wird, ist: „Dauernd beschwerst du dich, du solltest auch mal an der 21-Tage-Challenge teilnehmen!" Denn nur wer selbst den Wunsch zur Veränderung hat, wird aktiv.

Vielleicht geht es dir jetzt wie vielen, die die Challenge angenommen haben, und du fragst dich: „Was soll ich denn erzählen, wenn ich nicht lästern darf, mich nicht über jemanden oder etwas beschweren oder über meine Situation jammern kann?" Es ist aber nun mal so: Willst du erfolgreich sein, gilt es deinen Fokus zu verrücken und deine bewusste Wahrnehmung auf die Dinge zu lenken, die eben nicht ungerecht, furchtbar oder zum Verzweifeln sind. Denn im Jammertal gibt es keine Lorbeeren zu verdienen.

Leg deinen Fokus auf das Positive

Führen wir uns nochmal vor Augen, dass unser Gehirn zum Schutz vor zu vielen Informationen lediglich 0,0004 Prozent aller Wahrnehmungen in unser Bewusstsein vordringen lässt. Und wir haben gesehen, dass sich unsere selektive Wahrnehmung daran orientiert, womit wir uns gerade intensiv beschäftigen. Also können wir über unsere Gedanken beeinflussen, was wir bewusst wahrnehmen (z. B. das neue Auto, die neue Handtasche, die Kinderwagen im Straßenbild, vgl. Kapitel „Was macht ein zufriedenes Leben aus?"). Das heißt umgekehrt: 99,9996 Prozent aller Dinge, die wir wahrnehmen gelangen erst gar nicht in unser Bewusstsein. Sie sind aber definitiv da.

Stell dir vor, ein Glas ist zu 50 Prozent mit Wasser gefüllt und zu 50 Prozent nicht – auch ich bemühe dieses alte Bild gerne noch mal zur Verdeutlichung. Ist das Glas nun halb voll oder halb leer? Beide Aussagen sind faktisch gleichermaßen richtig. Doch jetzt ist die entscheidende Frage: Worauf legen wir unseren Fokus? Und warum?

Evolutionsbedingt ist unser Gehirn darauf geeicht, Mangel wahrzunehmen. Wenn unser Leben davon abhängt, versuchen wir natürlich alles, um diesen Mangel auszugleichen. Ein halb leeres Glas kann also als Gefahr interpretiert werden, dass uns das Wasser bald ausgehen wird. Wir müssen uns um Nachschub kümmern, damit wir nicht verdursten.

Der Blick auf das halb volle Glas, ist dagegen der Blick auf das, was alles vorhanden ist. Die Freude, dass wir etwas zu trinken haben. Es wird die Fülle wahrgenommen. Und es gibt Zuversicht, dass das Wasser auch in Zukunft nicht ausgehen wird.

Wenn wir ganz nüchtern die Emotionen bei den beiden Sichtweisen betrachten, dann fühlen sich die ersten eher schwer, besorgt, ängstlich aber auch vorausschauend und verantwortungsvoll an. Das Glas halb voll wahrzunehmen löst dagegen eher Emotionen von Leichtigkeit, Zufriedenheit, Glück und Zuversicht aus – gepaart mit einem Schuss Leichtsinn oder Blauäugigkeit.

Glücklicher sind wir also, wenn es uns mehr und mehr gelingt, auf die Fülle des Lebens zu achten. Uns an dem zu freuen, was da ist, und die Zuversicht zu haben, dass es das Leben gut mit uns meint.

Allerdings: So sind wir nicht „programmiert". Auch wenn wir kaum mehr so existenziell bedroht sind wie einst die Höhlenmenschen, fällt es vielen Menschen heute dennoch nicht leicht, Positives in ihrem Umfeld wahrzunehmen. Die Forscher haben herausgefunden, dass es möglich ist, unser Gehirn „umzuprogrammieren", ohne dabei gleich leichtsinnig oder oberflächlich zu werden. Das setzt allerdings eine bewusste Entscheidung voraus, seinen Fokus verändern zu wollen. Das Glas ist de facto genauso voll, wie es leer ist. Glücklicher fühlen sich diejenigen, die den vollen Teil wahrnehmen und genießen können. Nur leider gibt es keinen Schalter, den wir einfach umlegen können und dann sehen wir nur noch das Positive. Das wäre ja auch nicht immer zielführend oder manchmal sogar leichtsinnig.

Um langsam aber stetig zufriedener und glücklicher zu werden, können wir unseren „Denkmuskel", unser Gehirn, genauso regelmäßig trainieren wie bei den Vorbereitungen zu einem Marathon. Den läuft man schließlich auch nicht von jetzt auf gleich. Und unser Gehirn zu trainieren ist tatsächlich eher vergleichbar mit den Vorbereitungen zu einem Marathon, als denen zu einem Sprint.

Die Wissenschaftler der Positiven Psychologie haben kleine „Trainingspläne" erstellt, mit denen wir unsere bewusste Wahrnehmung verändern können.

Übe Dankbarkeit und verschiebe deinen Fokus

Sich regelmäßig in Dankbarkeit zu üben, klingt vielleicht erst einmal sehr banal. Wenn ich im Bild der Marathon-Vorbereitung bleibe, dann ist die Übung in Dankbarkeit vergleichbar mit den ersten Trainingstagen, an denen wir vielleicht über eine kurze Strecke ein paar Minuten abwechselnd laufen und gehen.

Wenn du es dir zur Routine machst, morgens und/oder abends drei Dinge aufzuschreiben, für die du dankbar bist, beginnst du dich mehr auf den halb vollen Teil des Glases zu fokussieren. Anfangs kommt dir diese Übung vielleicht noch unnatürlich und seltsam vor und es fällt dir schwer etwas zu finden, wofür du dankbar sein kannst.

Doch neben der großen Dankbarkeit für unsere Gesundheit, die friedliche Situation, in der wir leben dürfen, oder die lieben Freunde, die wir haben, können wir auch bewusste Dankbarkeit für die kleineren Dinge in unserem Leben entwickeln. Die Sonne, die scheint, die Vögel, die zwitschern, der Duft der Blüten, das leckere Essen auf unserem Teller oder das Lächeln eines Passanten.

Je genauer du dich an konkrete Situationen erinnerst, für die du dankbar bist, umso besser fühlst du dich. Du erlebst dann die positiven Emotionen genauso nochmal, wie bei dem Ereignis selbst. Unser Gehirn ist nämlich nicht in der Lage zu unterscheiden, ob ein Ereignis tatsächlich gerade stattfindet oder nur in unserer Erinnerung existiert. Machst du die Übung abends vor dem Schlafengehen, schläfst du sogar besser, so haben die Forscher herausgefunden.

Diese Übung dauert nur 5 Minuten am Tag und legt den Grundstein zum Training für deinen „Glücks-Marathon". Je länger du übst, desto leichter fällt es dir, dich an Momente zu erinnern, für die du dankbar bist. Im Gehirn bilden sich neue Pfade zwischen unseren Synapsen, die sich über die Zeit zu „Autobahnen" entwickeln können. Dann brauchen wir uns nicht mehr anzustrengen, auf Positives zu achten, weil diese Dinge in den 0,0004 Prozent der bewussten Wahrnehmung angelangt sind. Und dann erkennen wir ganz selbstverständlich das halb volle Glas.

Spüre den positiven Emotionen nach

Oft können wir uns im Alltag ja eher an die Dinge erinnern, die uns geärgert haben oder wo es nicht so rund gelaufen ist. Sicher auch deshalb, weil dort unsere ganze Energie hineingeflossen ist, um die Probleme zu lösen oder Unheil abzuwenden. Wenn wir dann einen Tag oder eine Woche Revue passieren lassen, fallen uns die guten Dinge vielleicht nicht auf Anhieb ein. Dabei hält jeder Tag ganz sicher auch die schönen Momente für uns bereit: sie sind uns halt nur nicht bewusst.

Um unser Bewusstsein für die schönen Dinge im Alltag wieder zu schärfen, haben die Psychologen eine hilfreiche Schreib-Übung entwickelt: Erinnere dich an drei gute Dinge aus deiner vergangenen Woche. Es können ganz kleine Ereignisse oder solche von größerer Bedeutung sein: von „Meine Kollegin hat mir ein Stück Kuchen zur Arbeit mitgebracht." bis „Ich habe ein tolles Feedback von meinem Chef bekommen und bin befördert worden." Was lief gut? Und was hast du selbst dazu beigetragen, gesagt oder getan?

Diese Fragen können dir dabei helfen, dich an etwas Schönes zu erinnern:

- ❑ Wann hast du Dinge getan, die du gerne magst?
- ❑ Welche neuen Dinge konntest du lernen oder welche Fortschritte hast du gemacht?
- ❑ An welche Highlights erinnerst du dich in der Teamarbeit?
- ❑ Was hast du Bedeutsames erlebt oder getan?
- ❑ Welche schönen Erlebnisse hattest du mit deinem Partner, der Familie oder den Freunden?
- ❑ Welche Hilfe hast du bekommen, um deinen Alltag besser zu bewältigen?
- ❑ Mit wem hattest du gute und intensive Gespräche?
- ❑ Wieviel Zeit hattest du dich auszuruhen?
- ❑ Wieviel Zeit konntest du alleine mit dir selbst verbringen?

Je genauer du dich an eine gute Situation oder ein schönes Ereignis erinnerst, desto intensiver kannst du den positiven Emotionen noch einmal nachspüren. Denn auch diese nachempfundenen positiven Gefühle machen uns noch einmal glücklich, stolz oder wir fühlen uns geliebt und verbunden.

So gehst du vor:

1. Gib dem Erlebnis einen Titel.

2. Schreib darunter so detailliert wie möglich, was passiert ist. Was hast du getan oder gesagt, was der oder die anderen?
3. Schreib auch wie du dich bei dem Ereignis gefühlt hast und wie es dir später ging.
4. Schreib ganz so wie du magst, sorge dich nicht um Grammatik und Rechtschreibung.

Wichtig ist, dass du tatsächlich mit einem Stift auf Papier schreibst, also die Erinnerung mit einer körperlichen Aktivität verbindest. Diese Übung nur im Kopf zu machen, reicht nicht aus, um den gleichen Effekt zu erzielen.

Ziel ist, dass du dich zufrieden und glücklich fühlst, dein Wohlbefinden steigerst, resilienter wirst. Diese Übung ist etwas intensiver als der tägliche Tagebucheintrag zur Dankbarkeit. Du kannst sie ebenfalls täglich oder einmal in der Woche durchführen. Gleichzeitig schaffst du dir damit ein Reservoir an positiven Momenten, von denen du in nicht so leichten Zeiten profitieren kannst.

Umgib dich mit schönen Dingen

Sicher kennst du auch diesen unwiderstehlichen Geruch von frischen Waffeln, bei dem dir das Wasser im Mund zusammenläuft. Mir persönlich fällt es da jedenfalls extrem schwer, mir keine Waffel zu kaufen. Oder du hast schon mal erlebt, wie dir dein Herz aufgeht, wenn dich ein kleines Kind anstrahlt. Bestimmte Musik erinnert dich an deine erste große Liebe. Oder du streichelst einen Hund oder eine Katze und erfreust dich an der Gesellschaft des Tieres.

Wir reagieren meist unbewusst auf die Reize unserer Umgebung: Gegenstände, Gerüche, Geschmäcker, Worte, Bilder, Gesten oder Geräusche. Und je nach den Erfahrungen, die wir früher gemacht haben, können unsere Reaktionen mit positiven oder stressigen Emotionen verbunden sein. Wir haben dann häufig gar keine Ahnung, warum wir gerade gut oder eben schlecht drauf sind.

Dieses Phänomen heißt in der Psychologie „Priming". In vielen sozialpsychologischen Experimenten ließ sich nachweisen, dass die Probanden nach bestimmten Reizen die gewünschten bzw. vorhergesagten Reaktionen zeigen. Auf das Thema „Altern" geprimte Menschen bewegten sich z. B. langsamer. Und umgekehrt – Menschen, die sich langsam bewegen sollten, erkannten im Experiment solche Wörter besser, die mit dem Altern in Verbindung gebracht werden.[17] Wenn wir uns einen Stift quer zwischen unsere Zähne stecken, werden die gleichen Gesichtsmuskeln angesteuert, wie wir sie für ein Lächeln gebrauchen. So geprimet finden wir Comics lustiger und fühlen uns glücklicher.

---

[17] Vgl. https://de.wikipedia.org/wiki/Priming_(Psychologie).

Dieses Konzept können wir auch ganz bewusst für uns nutzen: beispielsweise mit einer Gute-Laune-Playlist oder einer Sammlung von Gegenständen, Andenken, Bildern, Zitaten oder Düften, die wir in unserer Umgebung platzieren. Damit fühlen wir uns gestärkt und glücklich sobald wir unsere Sammlung der schönen Dinge wahrnehmen.

Wähle deine Nachrichten-Quellen bewusst

Ständig strömen auf den unterschiedlichsten Medienkanälen Informationen auf uns ein. Die meisten davon sind tendenziell eher schlechte Nachrichten – und wir hören oder lesen sie immer wieder über den ganzen Tag verteilt. Kriege, Krisen, tragische Todesfälle, Rechtsradikalismus, Umweltkatastrophen und, während ich dies schreibe, quellen die Medien über von COVID-19 und der Pandemie, die uns alle in Atem hält und unseren Alltag massiv durcheinanderwirbelt.

Hier schauen wir eher auf das halb leere Glas. Wir wollen zu jeder Zeit sicher sein, dass wir alles unter Kontrolle haben und unser Leben nicht gefährdet ist. Absolut nachvollziehbar und für die Medienschaffenden Grund genug, nach Sensationen und tragischen Ausnahmesituationen zu fahnden, um – häufig reißerisch – darüber zu berichten. Es verkauft sich halt gut.

Tatsächlich wage ich zu behaupten, dass unser Glas heutzutage – zumindest in Deutschland – deutlich mehr als nur halb voll ist. Doch positive Nachrichten sind für uns – zumindest auf den gängigen Kanälen – nicht ohne weiteres zugänglich. Es bedarf einiger Anstrengungen, bis du solche Quellen gefunden hast, die dich regelmäßig mit Erfolgsberichten versorgen.

Auf den Webseiten „nur-positive-nachrichten.de", „goodnewsnetwork.org/" oder „enorm-magazin.de/" beispielsweise liegt genau hierauf der Fokus. Die Journalisten dieser Seiten schauen bewusst auf die „andere Seite der Medaille". Sie stellen die Helden der Krise vor, recherchieren Lösungen für Probleme im Umwelt- und Klimaschutz und betrachten auch die Politik aus einem anderen Blickwinkel.

Es ist unsere Entscheidung, wo und worüber wir uns informieren. Bei meinem Selbstversuch, eine Zeit lang keine Nachrichten zu lesen oder zu hören, habe ich festgestellt, dass es fast unmöglich ist, die wirklich wesentlichen Dinge nicht doch mitzubekommen. Sie tauchen in Gesprächen, in den sozialen Medien oder in den Schlagzeilen doch immer wieder auf. Ich bin davon überzeugt, dass man gut informiert sein kann, auch wenn man sich nur einmal in der Woche mit den Nachrichten befasst und sich die andere Zeit davon fernhält – einfach, weil sie uns nicht guttun.

Analysiere für dich mal eine Woche lang, deinen Medienkonsum auf diesen Aspekt hin – wie viele positive und wie viele negative Informationen nimmst du wahr – und starte anschließend den Selbstversuch, eine Zeit lang auf die Nachrichten zu verzichten. Anfangs kann es schwierig sein, nicht doch der Versuchung zu erliegen und aus lauter Gewohnheit die Nachrichten anzusehen oder zu hören. Insbesondere als Berufspendler mit Autoradio ist hier eine bewusste Entscheidung erforderlich. Hier kriegst du ja sonst die Nachrichten, je nach Fahrtzeit, häufig mehrfach um die Ohren geknallt.

Schlechte Nachrichten wirken sich negativ auf unsere Emotionen und unser Wohlbefinden aus. Fokussiere dich auf die „Good News", damit es dir besser geht. Ich verspreche dir – du verpasst nichts Wesentliches!

· · · · · · · · · ● · · · · · · · · · ·

Stärke die Unternehmerin in dir!

Vermutlich hast du dir dieses Buch ausgesucht, weil du nicht zu denen gehörst, die einfach so ihren „Brot-und-Butter-Job" kündigen und dann darauf vertrauen, dass das mit der Selbstständigkeit schon irgendwie laufen wird. Sicherheit ist dir einfach total wichtig.

Und wenn du nicht gerade im Vertrieb arbeitest, ist es dir vielleicht ein Gräuel, dich und dein Angebot verkaufen zu müssen, also sichtbar und „laut" zu werden, damit deine Lieblingskunden überhaupt erst mal auf dich aufmerksam werden. Vielleicht halten dich aber auch noch ganz andere Glaubenssätze davon ab, den ersten oder nächsten Schritt zu wagen.

Wer sich, wie du, aus der Festanstellung heraus selbstständig macht, hat ja ganz offensichtlich keinen unmittelbaren Erfolgsdruck. Doch wie schnell ist *nichts* passiert!? Es finden sich immer wieder Gründe, das Herzensprojekt hinten anzustellen und die Komfortzone nicht zu verlassen.

Das ist aber essentiell, wenn du dir deinen Traum endlich erfüllen möchtest. Mach dir dabei bitte bewusst, dass alles, wovor du dich fürchtest, nur deshalb beängstigend ist, weil du es nicht kennst und noch nie gemacht hast. Doch du kannst alles lernen! – Schritt für Schritt. Erinnere dich an Situationen in deiner bisherigen Laufbahn, in denen du dich in völlig neue Aufgaben einarbeiten musstest, z. B. nach einem Jobwechsel oder in einem neuen Projekt. „Man wächst mit den Aufgaben!", Und wenn du weiterkommen willst, ist es unumgänglich, dass du dich immer wieder größeren Herausforderungen stellst, anstatt ihnen auszuweichen. Nur so geht's!

Wenn du deine Vorhaben als Active Agent angehst, und mit einem optimistischen Interpretationsstil auch auf unweigerliche Rückschritte oder vermeintliche Fehler reagierst, schaffst du dir die beste Basis für deinen Erfolg. Nach dem Motto: „Hinfallen, aufstehen, Krönchen richten – und weiter geht's!" Jammern, soviel ist klar, hilft dir nicht weiter.

Allerdings konkurriert dein Wunsch, Unternehmerin zu werden, zusätzlich noch mit den vielen anderen Dingen, die dir in deinem Leben ebenfalls sehr wichtig sind. Was das ist, und wie du dir sinnvolle Ziele setzt, darum soll es im nächsten Kapitel gehen.

Reflexionsfragen

- ☐ Wie lang ist deine Elefantenkette?
- ☐ Sind dir deine Glaubenssätze bewusst?
- ☐ In welchen Situationen hast du eher ein Growth Mindset, in welchen ein Fixed Mindset?
- ☐ Wann kannst du ein Active Agent sein und die Dinge in die Hand nehmen?
- ☐ Wann fühlst du dich als Opfer der Umstände?
- ☐ Wann interpretierst du die Dinge optimistisch und wann pessimistisch?
- ☐ Aus welchen Gründen beschwerst du dich?
- ☐ Bist du ein Lästermaul?
- ☐ Wofür bist du dankbar?
- ☐ Was sind positive Momente und gesunde Ablenkungen für dich?
- ☐ Wie ist dein Medienkonsum?
- ☐ Wie häufig setzt du dich täglich den aktuellen Nachrichten aus?

Mit deinem Mindset fängt alles an: das Wichtigste in Kürze

- ☐ **Persönliches Wachstum? – Raus aus der Komfortzone!** Selbst wenn Erziehung und andere frühe Prägungen unser unendliches Potenzial stark begrenzen können, haben wir zu jeder Zeit die Möglichkeit, aus unserer Komfortzone herauszutreten. Dazu brauchen wir ein Bewusstsein über unsere hinderlichen Glaubenssätze und den Mut unsere Angst zu überwinden.
- ☐ **Wachse über dich hinaus – mit einem Growth Mindset.** Wann immer der Gedanke in dir auftaucht „Das kann ich nicht", mach dir bewusst, dass du es NOCH nicht kannst. Bis ins hohe Alter ist unser Gehirn in der Lage neue Dinge zu lernen. Selbst mit großem Talent bleibt es unerlässlich sich anzustrengen, mit Hindernissen umzugehen, aus Fehlern zu lernen und das Feedback anderer anzunehmen.
- ☐ **Erkenne und nutze die Chancen – als Active Agent.** Wer von außen

zur Veränderung gezwungen wird, muss früher oder später die Umstände als gegeben akzeptieren und beginnen seinen Plan B zu schmieden. Wenn es dir gelingt, nach einem ersten Schock schnell wieder ins Handeln zu kommen, verlierst du keine Energie durch das Jammern und Hadern. Als Active Agent erkennst du all die Gelegenheiten auf deinem Weg zum Erfolg.

- **Pessimismus oder Optimismus – eine Frage des Interpretationsstils:** Der Pessimist hält die Gegebenheiten für permanent („Das wird mich lange verfolgen.") und allgemeingültig („Das lerne ich nie."), der Optimist interpretiert sie als temporär („Beim zweiten Mal wird es sicher besser klappen.") und spezifisch („Ich kann es NOCH nicht.").
- **Im Jammertal verdienst du keine Lorbeeren.** Dich über Dinge zu beschweren, die du eh nicht ändern kannst, ist reine Energieverschwendung. Jammern verstellt dir den Blick auf potentielle Lösungen, ruiniert deine Gesundheit, schmälert deinen Erfolg und zerstört Beziehungen. Sich zu beschweren ist eine alltägliche und meist unbewusste Routine. Nimm die 21-Tage-Challenge an und finde die positiven Dinge, auf die du dich alternativ fokussieren möchtest.
- **Leg den Fokus auf das Positive.** Unser Gehirn kann nicht unterscheiden, ob wir eine Situation gerade tatsächlich erleben oder ob wir sie uns nur vorstellen. Du reduzierst die Stressreaktionen deines Körpers, wenn du dir regelmäßig die Zeit nimmst und dich bewusst in Dankbarkeit übst und in positive Situationen zurückversetzt. Umgib dich mit schönen Dingen, die dich glücklich machen und meide negative Nachrichten, wann immer es dir möglich ist.

Ergänzende Arbeitsmaterialien online unter:
www.susanneklein.coach/starke-unternehmerin

Kennst du dein

persönliches „Warum"?

Was mir im Leben wirklich etwas bedeutet, ist mir erst nach und nach mit den Jahren bewusst geworden. In der Schulzeit, im Studium und auch noch in den ersten Berufsjahren bin ich gefühlt wie auf Schienen vorwärtsgefahren. Mir ist das Leben mehr oder weniger von Tag zu Tag einfach passiert. Wie viele meiner Coaching Kunden auch, hatte ich kein konkretes Ziel vor Augen und wusste nicht, wo ich einmal landen wollte. Betriebswirtin wurde ich tatsächlich auch eher zufällig.

Während meiner Zeit als Au Pair in den USA, schrieb mich meine Mutter schon mal vorsorglich für BWL ein. Sie war überzeugt: „Ein lückenloser Lebenslauf ist das A und O!" Als ich dann zehn Monate später sehr wissensdurstig vom Kinderhüten nach Deutschland zurückkam, fing ich einfach an zu studieren. Ob das auch wirklich etwas für mich war, darüber machte ich mir keine weiteren Gedanken mehr, obwohl mich viele der Themen nicht sonderlich begeisterten. Ehe ich mich versah, hatte ich das Grundstudium auch schon fertig – zu spät, um mir etwas anderes zu suchen, redete ich mir in meiner Bequemlichkeit ein.

Zum Ende des Studiums lernte ich den späteren Vater meiner Tochter kennen. Nach einem halben Jahr entschieden wir aus einer Art Laune heraus, dass wir gerne zusammen ein Kind haben wollten. Auf die Idee kamen wir, als wir die Geburt seines Neffen feierten; und noch bevor ich das Ganze zu Ende gedacht hatte, war ich auch schon schwanger.

Eine Kommilitonin bekam fast gleichzeitig ihr Kind. Sie ließ sich bei der damaligen Deutschen Bundespost verbeamten. Das fand ich eine prima Idee, bewarb mich und bekam den Job. Als meine Tochter ein Jahr alt wurde, heuerte ich bei der Telekom an – und blieb fast 30 Jahre. Ich nahm also an, was das Leben mir bot und machte einfach das Beste draus. Ich reagierte, aber ich agierte nicht.

Im Job selbst spürte ich dann allerdings immer deutlicher, dass ich mir bis dahin so gar keine Gedanken gemacht hatte, was mir denn tatsächlich Spaß machen würde. Mir war nicht bewusst, womit ich gerne meine Zeit verbringen würde, was mich mit Sinn erfüllen könnte.

Meine Karriere startete 1990 im Controlling. In weiteren Stationen kamen dann Marketing, interne und externe Kommunikation, interne Beratung, Training und Change Management dazu. Zwei Jahre lang übernahm ich für ein sechsköpfiges Redaktions-Team die Führungsverantwortung. Alles super spannend, alles super wertvoll, alles super lehrreich!

Ich zog immer weiter, sobald ich das Gefühl hatte, hier habe ich alles gelernt, es ist aber immer noch nicht das, was mich langfristig glücklich und zufrieden macht. Meist veränderte ich mich aktiv selbst innerhalb des Konzerns, manchmal passierten mir die Veränderungen von außen. Einmal kam ich mit dem Chef nicht klar, zweimal wurde die Abteilung aufgelöst oder der Bereich outgesourced.

Während meiner Zeit im Inhouse Consulting fand ich 2002 endlich mein Herzensthema: das Coaching. In den nächsten Jahren absolvierte ich zwei Coaching Ausbildungen und bis heute zahlreiche Fortbildungen. Seit 2006 bin ich als Coach nebenberuflich selbstständig und seit 2019 hauptberuflich.

Für andere da zu sein und sie bei ihrer persönlichen Entwicklung zu unterstützen, gibt meinem Leben Sinn. Es erfüllt mich mit Zufriedenheit und motiviert mich, jeden Morgen wieder mit Begeisterung aufzustehen.

Rückwirkend betrachtet hat natürlich alles sein Gutes und ich bin dankbar für jeden Entwicklungsschritt, den ich gemacht habe, für jeden „Umweg", den ich gegangen bin. Ich durfte in so viele unterschiedliche Unternehmensbereiche tiefe Einblicke nehmen, habe mit unzähligen tollen Kolleginnen und Kollegen zusammengearbeitet und bin an jeder Aufgabe weitergewachsen.

Was macht dich nachhaltig glücklich und zufrieden?

Manchmal braucht man eben all die Umwege, um zu wissen, wo es hingehen soll. Und manchmal braucht man dann noch den Mut, seinen Herzensthemen auch wirklich nachzugehen. Etwas wirklich zu wollen, heißt, dem Wunsch auch in einem turbulenten Alltag die entsprechende Priorität einzuräumen. „Es gibt nichts Gutes, außer man tut es", hat schon der Schriftsteller Erich Kästner gesagt.

Und die australische Autorin Bronnie Ware[18] hat in ihrem Bestseller „5 Dinge, die Sterbende am meisten bereuen: Einsichten, die Ihr Leben verändern werden" ihre Erfahrungen aus ihrer mehrjährigen Palliativ-Pflege zusammengetragen. Sie benennt die folgenden Punkte als die Top Fünf, die sie von Sterbenden in deren letzten Tagen gehört hat:

- ❏ Ich wünschte, ich hätte den Mut gehabt, mein eigenes Leben zu leben.
- ❏ Ich wünschte, ich hätte nicht so viel gearbeitet.
- ❏ Ich wünschte, ich hätte den Mut gehabt, meine Gefühle auszudrücken.
- ❏ Ich wünschte mir, ich hätte den Kontakt zu meinen Freunden aufrechterhalten.
- ❏ Ich wünschte, ich hätte mir erlaubt, glücklicher zu sein.

Solange wir leben, haben wir die Chance, unsere Träume zu verwirklichen, und wir haben die wunderbare Möglichkeit aus den eigenen und den Erfahrungen anderer zu lernen. Vielleicht lässt ja der eine oder andere Punkt bei dir etwas anklingen?

Wenn du dir deiner Ziele bewusst bist, kannst du dich entsprechend weiterentwickeln und den wertvollen Rohstoff „Zeit" sinnvoller einsetzen. Was ist dir bedeutsam? Welche Werte sind für dich nicht verhandelbar? Wovon möchtest du mehr in dein Leben holen? Woran möchtest du dich am Ende deines Lebens gerne erinnern?

Das Museum des Lebens

John Strelecky stellt in seinem Bestseller „The Big Five for Life – was wirklich zählt im Leben" genau diese Fragen. Jeder Mensch hat seine ganz individuellen „Big Five", die er erleben möchte, seine ganz besonderen Talente und Fähigkeiten. Ihm liegt daran, seinen Leserinnen und Lesern zu ihrem ganz persönlichen Lebenserfolg zu verhelfen, zum individuellen „Warum", zum Erkennen ihres Lebenssinns. Denn er ist überzeugt: Aus einem Motiv entsteht die nötige Motivation, um persönlich erfolgreich zu sein. Sein Motto: „Lass dich für das bezahlen, was du liebst."

Besonders eindrücklich finde ich sein Bild vom „Museum des Lebens".[19] Stell dir vor, dass jeder Moment deines Lebens von einer Videokamera aufgezeichnet würde. Die Bilder, die dort entstehen, würden im Museum deines Lebens ausgestellt. Welche Bilder würdest du dort sehen? Gäbe es viele glückliche Momente – allein, mit deiner Familie, den Freunden, Bekannten, und Kollegen?

---

[18]   Vgl. https://bronnieware.com/.

[19]   Video "Das Museum des Lebens" von John Strelecky: https://youtu.be/2dREDhKK7pM.

Oder sieht man in deinem Museum eher Bilder von Einsamkeit, Streit, Wut, Tränen und Unglück? Würden die Bilder zeigen, wie du vor dem Fernseher oder an deinem Smartphone hängst? Oder bist du draußen in der Natur und auf Reisen? Lernst du? Bist du kreativ? Bist du mit deiner Arbeit zufrieden, glücklich und erfüllt? Oder zeigen die Bilder, wie du frustriert und genervt deinen Dienst nach Vorschrift schiebst?

Strelecky ist überzeugt, dass jeder Mensch einen „Zweck der Existenz" hat. Könntest du eine Antwort auf die Frage geben, was der Zweck deiner Existenz ist? Was sind deine fünf großen Lebensziele? Was möchtest du auf jeden Fall erreicht haben, bevor du am Ende das letzte Mal ausatmest? Was steht auf deiner „Löffelliste"? – Das ist die Liste der Dinge, die du noch tun möchtest, bevor du den "Löffel abgibst".

Je früher in unserem Leben wir damit anfangen, uns solche Fragen zu beantworten, desto mehr Zeit haben wir, unsere Träume tatsächlich auch zu leben und sie so zu den gewünschten Bildern unseres Museums werden zu lassen.

Blick zurück aus der Zukunft

Eine schöne Übung, um sich dieser Träume wirklich bewusst zu werden, ist der Blick zurück aus der Zukunft. Stell dir vor, du sitzt als 90-jährige in deinem Lieblingssessel oder Sofa. Deine Urenkel sitzen dir zu Füßen. Sie hängen an deinen Lippen, während du über dein Leben erzählst. Was du alles erreicht hast, was du Gutes getan hast, was dich geprägt und gestärkt hat. Was wäre das?

Den Sinn des eigenen Lebens zu erkennen bzw. ihm einen Sinn zu geben, kann dein Leben retten. Viktor E. Frankl, jüdischer Neurologe und Psychiater in Wien, überlebte auf diese Weise mehrere Konzentrationslager und begründete nach dem Krieg die „Logotherapie" (altgr. Logos = Sinn). Sein Ansatz war, dass es die primäre Motivation des Menschen ist, nach dem Sinn seines Lebens zu streben. Der Mensch will etwas Gutes, etwas Sinnvolles bewirken. Wenn er weiß, wofür er etwas tut, ist er bereit alles zu tun. Andernfalls fühlen wir uns sinn- und wertlos und Frustration breitet sich aus.

Entwickle eine starke Vision

Um ein glückliches Leben führen zu können, ist es demnach wichtig, sein persönliches „Warum" zu kennen. Welchen Sinn möchtest du deinem Leben geben? Was möchtest du erlebt haben? Was ist der Zweck deiner Existenz? Was ist deine Vision?

Eine Vision zu entwickeln ist ja ein wenig so, als würdest du einen Wunsch ans Universum formulieren und dann darauf vertrauen, dass alles gut wird.

Und tatsächlich geben wir so unserem Gehirn die Bilder, die es braucht, um auf unserem Lebensweg all die Chancen zu erkennen und ins Bewusstsein vordringen zu lassen, die uns unserer Vision näherbringen können. Erst wenn wir diese Vision haben, ist es möglich, den Weg dorthin in kleinere Teilschritte zu unterteilen.

Für mich besitzen solche persönlichen Visionen eine Art magische Kraft. Sie sind vergleichbar mit Magneten, die uns automatisch anziehen und in Bewegung halten. Ohne eine starke Vision fehlt uns die Energie, und wir haben keine innere Antriebskraft. Wir sind orientierungslos und erkennen nicht, was die nötigen nächsten Schritte sein könnten. Dann ist jeder nächste Schritt irgendwie beliebig.

Sich einfach treiben zu lassen, hat natürlich dann seinen Charme, wenn du dich erst mal grob orientieren willst. Mir macht es beispielsweise an einem neuen Urlaubsort viel Spaß, die Stadt zu Fuß zu erkunden und ziellos die Atmosphäre auf mich wirken zu lassen. Wenn ich aber Karten für ein Konzert habe, mache ich mir vorher konkret Gedanken, welchen Weg ich gehe, damit ich pünktlich zum Veranstaltungsort komme.

Wenn wir also nicht genau wissen, wo wir hinwollen und es uns eher egal ist, wo wir landen, dann kommt möglicherweise jemand und sagt uns, was wir zu tun haben. – Und was passiert? – Wir verlieren unsere Selbstbestimmtheit und unser Gefühl von Selbstwirksamkeit. Für ein glückliches, erfülltes und erfolgreiches Leben – beruflich wie privat – ist es erwiesenermaßen absolut unerlässlich, eine starke Vision zu entwickeln, aus der sich dann unsere Ziele ableiten lassen. Für mich kann ich sagen, dass ich besonders dann intrinsisch motiviert war, wenn ich wusste, auf welches Ziel ich hinarbeiten konnte. Dann haben mich Deadlines positiv angespornt und nicht negativ gestresst. Meine Erfahrung: Ein klares und für mich bedeutsames Ziel zu erreichen, macht Spaß, macht stolz und macht glücklich.

Auf kürzestem Weg zum Ziel

Die meisten von uns sind genauso programmiert wie Google Maps: Zum Ziel geht es auf dem schnellsten oder kürzesten Weg. Jedenfalls im klassischen professionellen Verständnis von Zielerreichung sind wir darauf geeicht, möglichst schnell und ohne Umwege von A nach B zu kommen – privat mitunter auch. Wettbewerb spornt uns häufig zusätzlich an. Jedes Hindernis auf dem direkten Weg empfinden wir als störend, anstrengend, lästig, und wir sind gestresst, wenn wir nicht den geradlinigen Weg auf unser Ziel zugehen können. Gefühlt verlieren wir Zeit, Ressourcen und Motivation.

Große Ziele werden in kleine Meilensteine aufgegliedert und mit Selbstoptimierungs-Apps oder im Projektmanagement penibel gemonitort. Bei sehr großem Druck taucht vielleicht die Angst auf, es nicht zu schaffen und hinter den (eigenen) Erwartungen zurückzubleiben. Über die Detailplanungen verlieren wir an Flexibilität auf unserem Weg und übersehen dann womöglich sogar Chancen, die sich auf dem Weg ergeben hätten.

Am Ende erreichen wir unser Ziel selten wie in unserer Idealvorstellung und auf dem kürzesten Weg von A nach B, sondern auf gewundenen Pfaden um die Hindernisse und Störungen herum. Das wird dann möglicherweise sogar als Scheitern wahrgenommen. Wir nehmen uns nicht die Zeit die Erfolge zu feiern, sondern schauen sofort auf unser nächstes Ziel. Und der Stress geht dann von vorne los.

Wer schon mal in größeren Unternehmen gearbeitet hat, kennt vielleicht die langwierigen Zielvereinbarungsprozesse: Unternehmensziele werden in Bereichs-, Abteilungs-, Team- und Individualziele heruntergebrochen und auf allen Ebenen des Unternehmens heiß diskutiert. Und genauso lange wie der Zielvereinbarungsprozess dauert, braucht es meist auch bis der individuelle Zielerreichungsgrad festgelegt werden kann. Diese Verhandlungen werden häufig mit viel Engagement und Emotion geführt, da meistens auch noch ein variables Einkommen daran geknüpft ist – jede Menge Arbeitszeit, die in meiner Wahrnehmung nicht sehr produktiv genutzt wird. Doch ganz ohne Ziele geht es auch nicht: Wenn alle an „einem Strang ziehen" sollen, braucht es eine vorgegebene Richtung für die Beschäftigten.

Ein neues Zielverständnis

Du kennst vielleicht das Zitat von Antoine de Saint-Exupéry: „Wenn du ein Schiff bauen willst, dann trommle nicht die Männer zusammen, um Holz zu beschaffen, Aufgaben zu vergeben und die Arbeit einzuteilen, sondern lehre die Männer die Sehnsucht nach dem weiten, endlosen Meer." Die Forscher in der Positiven Psychologie fanden heraus, dass erfolgreiche Menschen, die von sich sagen, dass sie ein erfülltes und glückliches Leben führen, häufig ein Zielverständnis haben, das der Sehnsucht nach dem weiten, endlosen Meer sehr nahe kommt. Sie haben die Vision von einem fernen, höheren Ziel.

Für sie ist es nicht wichtig in kürzester Zeit und auf dem kürzesten Weg von A nach B zu kommen. Entscheidend ist vielmehr, dass die Richtung stimmt. Mit einer starken Vision vor Augen ist ihnen der grobe Kurs klar. Hindernisse, die ungeplant auftauchen, räumen sie aus dem Weg, oder sie untersuchen sie daraufhin, ob vielleicht Zwischenziele angepasst werden sollten. Ganz nach dem Motto: Aus den Steinen, die mir in den Weg gelegt werden, kann ich mir etwas Schönes bauen.

Jede Störung kann sich nämlich auch als Chance erweisen, wenn wir ihr mit einer gewissen Offenheit und Gelassenheit begegnen. Wir nehmen sie dann nicht als Bedrohung wahr und reagieren nicht mit Angst und Stress. Stressfrei kann unser Gehirn auch deutlich kreativer sein und damit besser in Lösungen denken – Lösungen, die am Ende vielleicht sogar besser sind, als die ursprünglich angepeilten.

Eine agile Arbeitsweise, bei der Kundennutzen und Kundenzufriedenheit in den Fokus gerückt werden, kommt mit Hindernissen und Störungen deutlich besser klar. Ihren Ursprung hat diese Art der Arbeit in der Software-Programmierung gefunden. Üblich war, nach einem Kundenbriefing mit Pflichtenheft und allem was dazugehört, ein Programm zu entwickeln und es am Ende dem Kunden zu präsentieren. Wenn das Ergebnis den Kunden am Ende nicht zufrieden stellte, musste aufwändig umprogrammiert und „geflickt" werden.

Man hat aus diesen Erfahrungen gelernt und bezieht heute den Kunden in vereinbarten regelmäßigen Abständen immer wieder mit ein, um sich zu vergewissern, ob das Ergebnis auch den Erwartungen entspricht. Das ist ungefähr so, als würdest du dich mit deinem Kunden in Frankfurt verabreden. Du setzt dich ins Auto und fährst auf dem kürzesten Weg zum Ziel. Dort angekommen stellst du aber fest, dass der Kunde gar nicht dort ist: Du bist nach Frankfurt am Main gefahren und dein Kunde hat dich in Frankfurt an der Oder erwartet. Ihr dachtet beide, der Auftrag wäre eindeutig klar. Euren Gesprächsbedarf habt ihr unterwegs nicht erkannt. Hättet ihr euch aber dazu verabredet, jede Stunde einmal zu telefonieren, wäre das Missverständnis schon im ersten Telefonat aufgefallen. „Fail fast" ist die Devise. Schnell aus Fehlern lernen, sie korrigieren und das Produkt weiterentwickeln. Über das direkte Feedback ist jeder Beteiligte involviert und erkennt seinen Beitrag zum großen Ganzen. Die Motivation ist eine andere.

Aus der Vogelperspektive betrachtet sind beide Wege gleichermaßen gewunden und führen doch beide zum Ziel. Beim klassischen Zielverständnis wird jede ungeplante Windung eher als Scheitern erlebt. Es herrschen Druck, Stress oder sogar Angst. Beim neuen Zielverständnis herrscht die Freude vor, an einem tollen Projekt oder einer tollen Geschäftsidee zu arbeiten und dafür kreative Lösungen zu finden. Die Windungen werden als Teil des Prozesses verstanden und der Umgang mit Fehlern und Stress ist ein ganz anderer.

Sind dir deine Ziele bewusst?

Hast du eine konkrete Vorstellung davon, was du in einem, drei, fünf oder zehn Jahren beruflich und privat erreicht haben möchtest? Dann, herzlichen Glückwunsch! Viele meiner Coaching Kunden haben schlicht keine Ahnung, wo sie mit ihrem Leben hinwollen. Die Wünsche, die sie äußern, sind oft eher diffus. Sie kommen zu mir und wissen sehr gut, was sie nicht wollen und womit sie unzufrieden sind. Sie befinden sich in einer Art Negativstrudel, aus dem sie sich alleine nicht ohne Weiteres befreien können. Meiner Erfahrung nach gibt es zwei grundlegende Motive etwas verändern zu wollen: entweder „weg von" oder „hin zu". Und beide können sehr kraftvoll sein.

Wir sind in unserem Leben in sehr unterschiedlichen Rollen unterwegs und haben Bedürfnisse in vielen unterschiedlichen Bereichen. „Das Lebensrad" hilft dir bewusst zu werden, in welchen Bereichen dein Leben richtig gut läuft und wo du Potenzial für Verbesserungen siehst.

Wie erfüllt sind deine Lebensbereiche?

Unser Leben ist sehr facettenreich und in unterschiedlichen Lebensphasen liegt unser Fokus jeweils auf anderen Aspekten. Ich habe hin- und herüberlegt, ob ich dir im Folgenden wirklich alle 14 Lebensbereiche zur Reflektion anbiete oder ob ich dich damit vielleicht eher abschrecke.

Deshalb: Wenn du diese Übung machst, betrachte das Ergebnis bitte als eine Momentaufnahme; sie gilt für diesen Augenblick. Entscheide ganz intuitiv und ohne größeres Nachdenken spontan, wie zufrieden du in den einzelnen Lebensbereichen bist:

100 % = voll zufrieden, da gibt es nichts, was ich verändern möchte. 0 % = hier stimmt gar nichts, oder hierzu habe ich mir noch gar keine Gedanken gemacht.

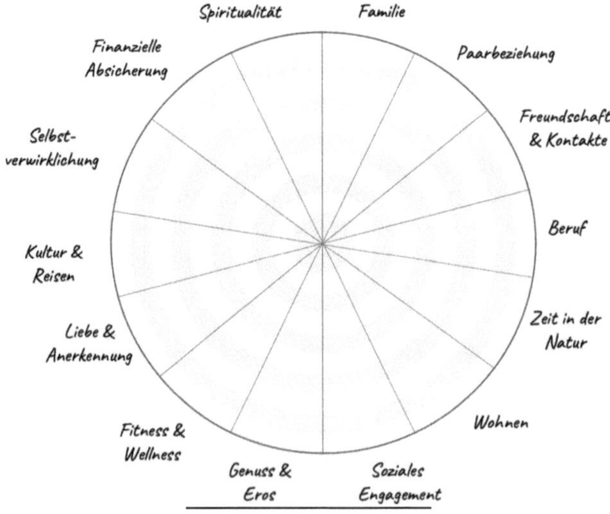

Abbildung 4: Das Lebensrad

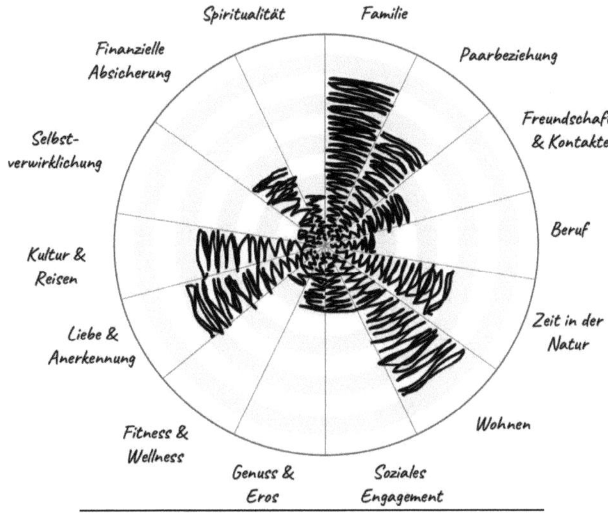

Abbildung 5: Beispiel zur Anwendung des Lebensrades

Es wäre wahrscheinlich traumhaft, wenn wir in allen Lebensbereichen gleichzeitig die 100 % erreichen könnten. Doch das ist eher unrealistisch und auch nicht unbedingt erstrebenswert. Unser Tag hat nun mal nur 24 Stunden und alle Lebensbereiche fordern ihre Aufmerksamkeit und damit auch unsere Zeit.

Du kannst daher in einigen Bereichen bei 0 % liegen und das ist absolut okay. Entscheide dann bewusst für dich: Das ist jetzt gerade nicht relevant oder wichtig für mich. Und entlaste dich von dem potentiellen Stress, der von dem geringen Erfüllungsgrad in einem dieser Lebensbereich ausgehen kann.

Impulse für die 14 Lebensbereiche

1. Familie
   Wie geht es dir in deiner Kernfamilie – mit deinem Partner und eventuell deinen Kindern? Wie ist das Verhältnis zu deiner Ursprungsfamilie? Bist du im Kontakt mit deinen Eltern oder Geschwistern? Möchtest du deine Eltern vielleicht häufiger besuchen als du es zurzeit tust und hast ein schlechtes Gewissen? Wenn du Geschwister hast, wie ist der Kontakt zu ihnen? Wenn ihr euch seht: Tut dir der Kontakt gut? Bekommst du Halt und Unterstützung? Wirst du akzeptiert mit deinen Ideen und Vorstellungen? Oder gibt es häufiger Streit?

   Wenn dieser Lebensbereich Verbesserungspotenzial hat: Was könnte dein Beitrag sein? Was könntest du tun, um die Situation für dich zu verbessern? Doch wenn an „Frieden" zurzeit nicht zu denken ist, dann erlaube dir, diesen Bereich aufzuschieben und später etwas daran zu tun. Mach deinen Kopf und dein Herz frei für all die anderen Aspekte in deinem Leben. Schau in drei oder sechs Monaten noch mal, ob sich etwas verändert hat oder verändern kann. Und bis dahin meide das Grübeln möglichst. Das schenkt deinem Gehirn die Kapazität für andere Gedanken.

2. Paarbeziehung

Bist du in einer Paarbeziehung? Fühlst du dich geliebt und unterstützt? Darfst du wachsen und dich entwickeln? Ist deine Meinung gefragt? Bist du an Entscheidungen beteiligt? Oder wenn du keinen Partner hast: Wie geht es dir damit? Bist du auf der Suche oder bist du zufrieden als Single?

Auch hier die Frage: Wie wichtig ist dir dieser Bereich zum jetzigen Zeitpunkt? Möchtest du etwas verändern? Auch wenn du bekanntlich den anderen nicht ändern kannst, so ist es ggf. doch möglich, deine Haltung und deine Einstellung zu überdenken.

3. Freundschaft & Kontakte

Bist du mit dem Kontakt zu deinem Freundes- und Bekanntenkreis zufrieden? Fühlst du dich dazugehörig? Möchtest du mehr oder weniger Kontakt? Musste dein Freundeskreis in der letzten Zeit sehr zurückstecken, weil dir die Arbeit über den Kopf wächst? Ist dein Freundeskreis kompatibel mit deinem Partner und dessen Freunden?

Die Menschen sind sehr unterschiedlich in ihrem Bedürfnis nach Kontakt zu anderen. Während Extrovertierte ihre Kraft aus den Gesprächen und dem Austausch mit anderen ziehen und förmlich aufblühen, wenn viel los ist, ist das für Introvertierte auf Dauer eine Qual. Denn sie ziehen ihre Kraft eher aus ihrem Inneren und lieben es, sich intensiv mit Themen zu beschäftigen und für sich zu reflektieren. Sie schätzen es sehr, alleine zu sein, was für viele Extrovertierte kaum auszuhalten ist.

Wenn es also um Freundschaft und Kontakte geht, ist hier nicht die Frage, wie groß dein Freundeskreis ist. Wenn du genau hinschaust, haben die meisten nur eine Hand voll wirklich enger Freunde, die auch noch über die einzelnen Lebensphasen hinweg wechseln können.

4. Beruf

Die Arbeit beansprucht bei den meisten von uns einen sehr großen Teil der wachen Zeit. Gerade als Unternehmerin heißt es oft „selbst und ständig". Wie sieht dein Arbeitsalltag aus? Bist du mit den Arbeitsergebnissen zufrieden? Geht es voran? Bist du begeistert von deiner Geschäftsidee?

Kannst du die meiste Zeit deine Stärken gut einsetzen? Oder musst du dich mit Dingen herumschlagen, von denen du weißt, dass andere das sicher besser könnten? Wenn du dich nicht ausgerechnet in der Buchhaltung oder als Steuerberaterin selbstständig machst, sind diese Jobs häufig Themen, die zwar lästig sind, aber halt erledigt werden müssen.

Arbeitest du angestellt, gelten die gleichen Fragen. Bist du begeistert von dem, was du tust? Erhältst du die Anerkennung, die du dir wünschst? Kannst du dich einbringen? Darfst du Entscheidungen treffen? Kannst du deine Werte leben? Bekommst du, was du dir wünschst? Oder betrachtest du dein Gehalt schlimmstenfalls sogar als „Schmerzensgeld"?

5. Zeit in der Natur
    In der Natur zu sein macht glücklich! In Japan wurde das „Waldbaden" als eine Therapieform entwickelt. Es ist ungemein wohltuend, sich draußen in der Natur zu bewegen. Der Duft von feuchter Erde soll sich sogar beruhigend auf unser Nervensystem auswirken.

    Bist du häufig draußen? Wohnst du in der Stadt oder auf dem Land? Hast du einen Garten oder wünschst du dir einen? Hast du die Möglichkeit, zu Fuß oder mit dem Rad zur Arbeit zu kommen und nutzt du sie? Bist du mit Freunden draußen oder hast du einen Hund?

    Möchtest du gerne mehr draußen sein, bist du zufrieden oder ist dir das im Moment nicht so wichtig?

6. Wohnen
    Unsere Wohnung ist unser Rückzugsort. Hier tanken wir auf und erholen uns von all den Anforderungen, die da draußen auf uns warten. Wir haben die Möglichkeit, uns unser Umfeld so zu gestalten, wie wir es mögen.

    Und doch kann auch die eigene Wohnung unzufrieden machen. Wohnst du an einem Ort, der dir gefällt? Wie ist die Nachbarschaft? Hat deine Wohnung die richtige Größe für dich? Ist sie gemütlich und einladend? Hell und freundlich? Aufgeräumt und sauber? Haben all die Gegenstände und Besitztümer eine Bedeutung für dich und machen sie dich glücklich?

    Selbst wenn es für dich im Moment nicht in Frage kommt umzuziehen, kannst du vielleicht deine Wohnsituation durch Umgestaltung und Ausmisten alla „Marie Kondo" (japanische Ordnungsberaterin und Bestseller Autorin) verbessern und dir deine eigene Wohlfühl-Oase schaffen.

7. Soziales Engagement
    Anderen zu helfen, für andere da sein zu können, ist ein durch und durch beglückendes Gefühl. Dabei muss es nicht gleich ein Ehrenamt

mit einer längerfristigen Verpflichtung sein. Du kannst für eine ältere Person in deiner Nachbarschaft einkaufen gehen oder andere kleinere Hilfestellungen anbieten. Oder auf das Kind deiner Freundin aufpassen, damit sie endlich mal wieder mit ihrem Partner zu zweit allein ausgehen kann.

Und wenn du keine Zeit für die Arbeit in der Gemeinde, dem Umweltverband, dem Tierschutz oder sonst einer gemeinnützigen Organisation hast, vielleicht kannst du mit einer Spende die Arbeit anderer unterstützen. Auch das ist sehr befriedigend.

Engagierst du dich schon so, wie du es dir für dich wünschst, oder geht da noch was?

8. Genuss & Eros
Neben einer erfüllten Sexualität gehört für mich in diese Kategorie unbedingt der Genuss von gesundem und leckerem Essen. Selbst für mich zu kochen, fand ich lange Zeit eher nur lästig. In letzter Zeit habe ich mich sehr damit auseinandergesetzt, was wirklich gesund für mich ist und angefangen mehr Gefallen am Kochen zu finden. Genuss ist für mich aber auch, in einer schönen Umgebung Urlaub zu machen, mit Freunden in einem netten Lokal zu sitzen und zu quatschen oder draußen zu sein und in der Sonne zu baden.

Kannst du dein Leben genießen? Kommt Genuss darin vor? Erlaubst du dir genussvolle Momente allein, mit deinem Partner oder mit Freunden und Freundinnen? Oder nimmst du dir im Augenblick weniger die Zeit dafür?

9. Fitness & Wellness
Im Grunde wissen wir es alle: Bewegung tut gut und muss sein. Wir wollen alle fit und leistungsfähig sein und bleiben. Die Wissenschaftler haben sogar nachgewiesen, dass uns Sport messbar glücklicher macht. Die meisten erfolgreichen Menschen haben eine Sportroutine für sich entwickelt. Selbst vielbeschäftigte Manager und erfolgreiche Firmenlenkerinnen sorgen dafür, dass regelmäßiger Sport Platz in ihren Kalendern findet.

Neben der Bewegung ist auch die bewusste Entspannung von großer Bedeutung. Zur Wellness könnten Massagen, Saunabesuche oder ein Termin bei der Kosmetikerin beitragen.

Wie zufrieden bist du mit deiner Fitness und Wellness? Hast du deinen Sport schon gefunden? Nimmst du dir in deinem Arbeitsalltag die Zeit, um einen Ausgleich zu schaffen?

10. Liebe & Anerkennung
    Eines unserer Grundbedürfnisse ist das „Dazugehören". Ich muss wissen, bei wem ich sicher bin. Mit wem teile ich meine Interessen? Gruppen, bei denen wir uns zugehörig fühlen, sind Familie, Freundeskreise, Vereine und im Arbeitskontext mein Team, der Bereich, die Abteilung und das Unternehmen.

    Wir wollen geliebt oder zumindest gemocht werden. Wir brauchen die Anerkennung für das, was wir sind und in die Gemeinschaft einbringen. Ohne diesen Zuspruch von außen fühlen wir uns schnell verunsichert; auf die Dauer geht es uns schlecht damit und unsere Motivation leidet.

    Fühlst du dich geliebt und anerkannt für das, was und wie du bist? Kannst du Zuwendung, Liebe und Anerkennung annehmen und geben? Und wird das auch von deinem engsten Umfeld angenommen?

11. Kultur & Reisen
    Künstler, Autoren, Musiker und andere Kulturschaffende können uns mit ihrem Werk sehr inspirieren. Sie erweitern unseren Horizont; sie lassen uns an ihren Erfahrungen teilhaben und bereichern unsere emotionale Erlebniswelt.

    Auch auf Reisen erleben wir eine Art Bewusstseinserweiterung. Wir lernen andere Kulturen kennen und entwickeln einen neuen Blick auf unsere eigene. Wir können etwas Fremdes liebgewinnen und in unseren Alltag übernehmen oder etwas Gewohntes aufgeben, wenn es uns plötzlich nicht mehr passend erscheint.

    Nutzt du die kulturellen Angebote deiner Stadt? Bist du interessiert an fremden Kulturen? Reist du an unterschiedliche Orte oder bist du gerne immer am gleichen Ort? Beides hat ja seinen Charme und die Bedürfnisse können sich in unterschiedlichen Lebensphasen unterscheiden. Wichtig ist nur: Wie zufrieden bist du mit diesem Lebensbereich?

12. Selbstverwirklichung
    In der Maslowschen Bedürfnispyramide entsteht das Bedürfnis nach Selbstverwirklichung erst nachdem die Grundbedürfnisse ausreichend gedeckt sind und ein gewisser Grad an Persönlichkeitsentwicklung gegeben ist. Zu den Grundbedürfnissen zählt Maslow die physiologischen Bedürfnisse, die Sicherheits-, sozialen und Individualbedürfnisse.

    Der Drang nach Selbstverwirklichung setzt demnach ein, wenn wir ein Dach über dem Kopf und genügend Essen auf dem Teller haben, wenn wir uns sicher fühlen und einer Arbeit nachgehen, die uns intellektuell fordert, und wenn die Kinder aus dem Haus sind, falls wir eine Familie gegründet haben.

Wenn also alles erreicht ist, was „man" so erreichen soll, setzt eine Art innere Unruhe und Unzufriedenheit ein. „War das schon alles?" ist dann die Frage. Dann wollen wir unsere Talente entfalten, Kreativität (wieder-)entdecken und unsere Fähigkeiten weiterentwickeln. Spätestens in unserer Lebensmitte, wollen wir unserem Leben neuen Sinn geben und etwas Neues ausprobieren. Wo stehst du hier? Ist Selbstverwirklichung für dich ein wichtiges Thema?

13. Finanzielle Absicherung
Auch wenn Geld allein nicht glücklich macht, trägt finanzielle Sicherheit sehr entscheidend zu unserem Wohlbefinden bei. Was das genau bedeutet, hängt auch davon ab, wie groß dein Sicherheitsbedürfnis ist. Für jemanden, der sich auf Lebenszeit verbeamten lässt, spielt die Sicherheit wohl eine deutlich größere Rolle als für eine Herzblut-Unternehmerin. Eine Entspannung setzt hier erst ein, wenn man nicht mehr jeden Monat ängstlich auf seinen Kontoauszug starrt und keine Ahnung hat, wie man die nächste Rechnung bezahlen soll.

Ist die finanzielle Absicherung etwas, worauf du deinen Fokus legen möchtest, wenn es um deine Ziele geht? Oder bist du hier schon ganz zufrieden?

14. Spiritualität
Wer religiös ist, hat durch seinen Glauben eine tiefe Verbundenheit zum Göttlichen. Aber auch nicht religiöse Menschen haben häufig eine Vorstellung von etwas Größerem, Unfassbarem. Spirituelle Menschen müssen also keiner bestimmten Religion angehören. Durch die Erfahrungen in ihrem Leben entwickeln sie persönliche ethische Grundsätze, die dann ihre gesamte Lebensführung beeinflussen. Es kann sich dabei zum Beispiel um Sinn- und Wertefragen drehen oder um eine Erfahrung der „Ganzheit".

Ist Spiritualität etwas, was dir völlig fremd ist und so gar nicht in dein Leben passt? Oder wünschst du dir mehr davon?

Was nun?

Das Lebensrad gibt dir einen ersten Aufschluss, wie zufrieden du insgesamt bist, und für welche Lebensbereiche du dir Ziele setzen möchtest. Als Unternehmerin oder Workaholic ist es ganz besonders wichtig, die Balance zu halten und nicht ausschließlich für die Arbeit da zu sein – mental genauso wie rein physisch.

Der Beruf ist bei dieser Übung nur einer von 14 beispielhaften Lebensbereichen. Und vermutlich einer der Bereiche, der die meiste Zeit beansprucht.

Deshalb ist es so wichtig, dir über deine beruflichen wie privaten Ziele klar zu sein. Mach Termine mit dir selbst und trag sie in deinen Kalender ein.

Während deiner Arbeitszeiten: Welche beruflichen Ziele möchtest du erreichen, wann genau arbeitest du daran und wann möchtest du fertig sein? Stell dir auch die Frage, wie viel Zeit die Arbeit an einer bestimmten Aufgabe in Anspruch nehmen darf. Planst du zwei Tage ein, wird sie auch zwei Tage dauern. Darf sie nur einen halben Tag dauern, kannst du es mit ein wenig Disziplin häufig auch in der kürzeren Zeit schaffen.

Wann beginnt deine Freizeit? Ich habe oft festgestellt, dass ich einfach weitergearbeite, wenn ich abends keine Verabredung mit Freunden oder andere schöne Unternehmung geplant habe. Mit festen privaten Terminen kann ich viel besser pünktlich Feierabend machen. Positiver Nebeneffekt: Meine Aufgaben sind meist sogar in kürzerer Zeit erledigt!

Schau auf dein Lebensrad und frag dich, was für dich bedeutsam ist und was in letzter Zeit zu kurz gekommen ist. Du möchtest deine Oma häufiger anrufen oder sogar besuchen? Trag es in deinen Kalender ein! Du möchtest mindestens dreimal in der Woche Sport machen? Wann ist die beste Zeit dafür? Nimm sie dir!

Wie gesagt, es ist weder notwendig noch realistisch, in jedem Bereich zu jeder Zeit bei 100 % zu liegen. Heute sieht dein Lebensrad so aus – in einem Jahr kann es schon ganz anders sein.

Wenn du jetzt auf die Lebensbereiche in deinem Lebensrad schaust, welche davon verlangen nach Aufmerksamkeit? Wo gehen deine Emotionen hin? Was möchtest du konkret verändern? Welche Ziele setzt du dir? Wieviel Zeit gibst du dir?

Lust auf Prioritäten?

Auch wenn du eine Vision hast und dir über deine Ziele im Klaren bist, setzt plötzlich der Alltag ein. Wie schaffst du es, in diesem Trubel fokussiert zu bleiben und nicht vom Weg abzukommen?

Stell dir vor, du möchtest ein Strategiepapier für dein Unternehmen erstellen, in dem du festlegst, was du in den kommenden fünf Jahren erreichen willst. Dein Geschäft läuft schon ganz gut, die Kunden fragen an, deine Website hat einen guten Stand, benötigt aber noch etwas Pflege von deinem Dienstleister und deine Social Media Accounts wollen bedient werden.

Als erstes solltest du jetzt überlegen, was das Wichtigste ist und was das Dringendste. Schiebst du das Wichtige zu lange auf, wird es allerdings auch irgendwann dringend. Das bedeutet Stress!

Zeit ist endlich

Wir wissen, wie wichtig es ist, Ziele zu haben und sie im Blick zu behalten. Aber – wie schnell ist *nichts* passiert! Die Flut von E-Mails will bewältigt werden, die Kollegen brauchen Hilfe, eine Besprechung reiht sich an die andere … Viel Zeit für deine wichtigen Ziele bleibt dir da nicht.

Zeitmanagement-Experten haben ein sehr hilfreiches Bild entwickelt: Stell dir vor, deine verfügbare Zeit für jeden Tag passt in einen zehn Liter Eimer. Neben dem Eimer liegen drei bis vier große Steine. Sie symbolisieren deine wirklich wichtigen Ziele – privat wie beruflich. Sie stehen für die Aufgaben, deren Erledigung dir sehr am Herzen liegt, z. B. das Strategiepapier für die nächsten fünf Jahre und die Ausarbeitung deines Marketingkonzepts.

Abbildung 6: Zeitmanagement – Deine Prio 1 Ziele im Fokus

Daneben liegen etwa 20–30 Kieselsteine. Sie stehen für die alltäglichen Aufgaben, die einfach erledigt werden müssen – eher dringend als wichtig: den Dienstleister briefen, damit er an deiner Webseite weiterarbeiten kann; die Social Media Accounts deines Unternehmens füttern, Kunden zurückrufen usw.

Schließlich liegt dort noch ein Haufen Sand. Das sind die unzähligen Aktionen, in denen wir uns jeden Tag so leicht verlieren; all die Sachen, die man vielleicht auch *nicht* machen muss oder sogar delegieren kann.

Entscheidend ist jetzt, wie wir unseren „Zeiteimer" füllen. Häufig fangen wir mit dem Sand an: auf Instagram schauen, was es Neues gibt, auf YouTube in den Filmchen versinken, Beschwerden von Leuten anhören, die keinen Parkplatz gefunden haben und Ähnliches.

Oh – und dann die Kiesel: über 50 ungelesene Mails abarbeiten, Druckerpatronen bestellen, mal dringend wieder aufräumen und so weiter.

Oh Mist: Feierabend – und ich wollte doch eigentlich heute das Konzept fertigbekommen. Für die Steine ist in meinem Zeiteimer aber heute schon wieder kein Platz mehr.

Du ahnst es sicher schon: Die Experten raten den Zeiteimer *erst* mit den Steinen zu füllen – also den Dingen Zeit einzuräumen, die dir wirklich wichtig und dringend sind. Dann streust du die Kiesel dazwischen und wenn noch Zeit bleibt, passt der Sand immer noch in die Zwischenräume.

Das gilt übrigens auch für die Zeit nach Feierabend – Sport statt Fernsehen. Gespräche mit dem Partner oder der Partnerin, statt mit dem Handy zu daddeln. Frisch kochen statt Pizza bestellen.

Du weißt, was ich meine … Zeit ist endlich.

> *„Ich habe im Leben nicht die Zeit, die Dinge zu tun, die ich tun muss.*
> *Ich habe gerade mal die Zeit, die Dinge zu tun, die ich tun möchte."*
> *Tal Ben Shahar*

Erfolgreicher mit einer Morgenroutine

Mal Hand aufs Herz: Passiert es dir nicht auch häufiger, dass du als erstes morgens auf dein Handy schaust und noch bevor du im Bad fertig bist, schon E-Mails checkst und auf Social Media unterwegs bist?

Mir wurde diese Gewohnheit so richtig bewusst, als ich im November 2019 in einem meiner Lieblingspodcasts („Deliciously Ella"[20]) von dem Segen einer täglichen Morgenroutine erfuhr. In dem Interview stellte Hal Elrod, der Autor des Bestsellers „Miracle Morning", seine erfolgreiche Morgenroutine vor. Seine Empfehlung: Fokussiere dich täglich auf das, was dir wichtig ist, noch bevor der hektische Alltag an Fahrt aufnimmt. Und leg in den ersten Stunden nach dem Aufstehen deine Intentionen für den Tag fest.

Die tägliche Beschäftigung mit meinen persönlichen Zielen hilft mir seither, sie auch wirklich in die Tat umzusetzen. Ich setzte den Fokus auf das, was ich erreichen möchte und helfe meinem Gehirn so, die 0,0004 Prozent meiner

---

[20] Vgl. www.deliciouslyella.com/podcast/morning-routines/.

bewussten Wahrnehmung in meinem Sinne zu verändern. (vgl. Kapitel „Was macht ein zufriedenes Leben aus")

Sechs „Life S.A.V.E.R.S"

Elrod spricht in seinem Buch von den sechs „Life S.A.V.E.R.S", sein Akronym für

- ❏ **„Silence"** (Ruhe/Schweigen),
- ❏ **„Affirmations"** (bejahende Aussagen, Ziele),
- ❏ **„Visualization"** (innere Bilder kreieren),
- ❏ **„Exercise"** (Bewegung),
- ❏ **„Reading"** (Lesen oder Lernen) und
- ❏ **„Scribe"** (Schreiben).

Bei den Recherchen zu diesem Buch, bin ich immer wieder auf Empfehlungen gestoßen, die eigene Morgenroutine zu überdenken und sie ggf. gegen eine neue auszutauschen. Es geht dabei um mehr Achtsamkeit, Fitness, Gesundheit und langfristigen Erfolg.

Wenn du jetzt denkst: „Morgens brauche ich erst mal einen Kaffee!" und noch keines der genannten sechs Elemente bisher in deinem Leben Platz gefunden hat – dann lass dich jetzt bitte nicht stressen! Nimm dir nur das vor, was dir am leichtesten fallen wird und starte damit dann gleich morgen.

1. Silence
   Im Kapitel „Haushalte gut mit deiner Energie" gehe ich auf diesen Punkt noch tiefer ein. Vorweg nur so viel: Es geht um innere Einkehr, um das Beruhigen des Geistes. Das kann eine geführte Meditation, ein Gebet, einfaches Sitzen in Ruhe, das Beobachten des Atems oder jede andere Übung aus der Achtsamkeitspraxis sein.

2. Affirmations
   Eine Affirmation erinnert dich daran, wie du dich fühlen und worauf du dich fokussieren möchtest.

   1. Formuliere bejahende Aussagen oder Ziele, zu denen du dich selbst verpflichtest.
   2. Schreibe auch auf, warum das so bedeutsam für dich ist.
   3. Mach dir bewusst, zu welchen konkreten Aktionen du dich verpflichtest, um das gewünschte Ziel zu erreichen.
   4. Setze dir eine Frist, bis zu der du dich verpflichtest, diese Aktionen auch tatsächlich umzusetzen.

Dieses Buch hier entsteht gerade wohl auch deshalb, weil ich mir in meiner Morgenroutine darüber bewusst geworden bin, wie gerne ich als Autorin arbeiten möchte. Die Vorstellung, unabhängig von Ort und Zeit an einem Buch zu schreiben, finde ich für mich total reizvoll. Seit Jahren folge ich meinem Coaching-Lehrer auf Social Media, der auch Autor zahlreicher Bücher ist. Im tiefsten Winter postet er „Neid-Fotos" mit dem paradiesischen Blick, der sich hinter seinem Laptop auftut, während er an seinem neuen Buch arbeitet: wunderschöne Umgebungen bei strahlendstem Wetter. Das will ich auch!!! Ende 2019 startete ich mit meiner Morgenroutine und ich habe mich vor mir selbst dazu verpflichtet, mir diesen Traum zu erfüllen.

1. Visualization
   Unser Gehirn denkt in Bildern und kann zwischen tatsächlichem Erleben und der bloßen Vorstellung von etwas nicht wirklich unterscheiden. Je klarer wir vor unserem inneren Auge das Szenario ausmalen, wie es sein wird, wenn wir unser Ziel erreicht haben, desto besser fühlen wir uns bereits in diesem Moment. Außerdem fallen uns so auf dem Weg zum Ziel all die Chancen und Möglichkeiten auf, die sonst möglicherweise an uns vorbei gegangen wären. (s. Selektive Wahrnehmung im Kapitel „Was macht ein zufriedenes Leben aus?")

   Um bei meinem Beispiel von oben zu bleiben: Entweder sehe ich mich als Autorin in schöner Umgebung am Tisch sitzen, um mich herum grünt und blüht alles, es ist sommerlich warm und ich blicke aufs Wasser. Oder wenn ich mich nicht dort sehe, dann habe ich in einem angesagten coolen Café oder Co-Working-Space meinen Laptop aufgebaut, lasse mich dort mit leckeren Smoothies und gesunden Salaten verpflegen, der Klangteppich umhüllt mich und ich bin total fokussiert und konzentriert.

2. Exercise
   Elrod betont, wie wichtig es ist, eine Bewegungseinheit schon direkt am Morgen zu absolvieren. Selbst wenn wir wissen, dass wir später am Tag noch zum Yoga, aufs Rad, zum Joggen oder ins Schwimmbecken wollen, empfiehlt er, seinen Körper schon morgens einmal in Schwung zu bringen. Das regt deinen Kreislauf gut an, du wirst wacher und du zeigst deinem inneren Schweinehund, wer hier die "Herrin im Haus" ist – sportliche Betätigung am Morgen macht dich zufrieden und stolz. Auch dieses Thema vertiefe ich noch mal im Kapitel „Haushalte gut mit deiner Energie".

3. Reading
   Stapeln sich bei dir auch lauter ungelesene Bücher? Ich jedenfalls hatte nie die Zeit gefunden, sie endlich alle zu lesen. Es hilft mir sehr, jetzt das Lesen schon in meine Morgenroutine einzubauen. So lasse ich mich inspirieren und nehme die Weisheiten der Autorinnen und Autoren mit

in meinen Tag. Während ich draußen meine Runden drehe oder mit dem Auto oder der Bahn unterwegs bin, habe ich es mir angewöhnt, mir Bücher „vorlesen" zu lassen oder Podcast zu hören. Hier geht es darum, deinen Geist zu erweitern, in die Denkweise verschiedener Menschen einzutauchen und für dich das Beste rauszuziehen.

4. Scribe
    Schreiben zu einer Routine zu machen, halten Psychologen für eine sehr gute Idee: Schreiben baut nachweislich Stress ab, hilft emotionale Täler besser zu durchschreiten und verschafft dir mehr Klarheit, wenn in deinem Kopf das Chaos ausgebrochen ist. Dieser entschleunigende und klärende Effekt wirkt übrigens noch verstärkt, wenn wir dabei wieder auf Stift und Papier zurückgreifen, obwohl wir häufig schneller an der Tastatur schreiben. Der körperliche Akt des Schreibens und die Langsamkeit sollen einen positiven Effekt auf uns und unsere Gedanken haben.

Eine sehr gute Zeit für freies Schreiben ist die Zeit direkt nach dem Aufwachen, möglichst noch im Bett. Unser Gehirn ist dann noch in einem entspannten Zustand und unsere Gedanken sind noch nicht ins Karussell eingestiegen. Du brauchst nur ein paar Minuten lang zu schreiben, was dir gerade in den Sinn kommt. Halte das Licht noch gedämpft und nutze ein Büchlein, das du an deinem Nachttisch bereithältst. – Und dann gibt es deinen Kaffee oder Tee zum Wachwerden.

Um deinen Fokus mehr auf das Schöne und Positive in deinem Leben zu lenken, ist ein Dankbarkeits- oder Erfolgstagebuch eine gute Idee. Oder du machst dir regelmäßig zu bestimmten Fragen schriftlich deine Gedanken. Zum Beispiel jeweils drei Minuten lang zu:

1. Was ist meine beste Zukunft, die ich mir ausmalen kann?
2. Wie möchte ich heute auf andere Menschen in meinem Umfeld zugehen?
3. Was kann ich tun, um mich bei meiner Entwicklungsreise selbst zu unterstützen?
4. Worum könnte ich andere bitten, dass sie mich unterstützen?

Arbeite an deinen Zielen

Vor diesem Hintergrund lade ich dich herzlich ein, dein Lebensrad noch mal durchzugehen. Schreibe dir Affirmationen zu den Zielen auf, die du dir setzen möchtest. Warum ist dir das Ziel wichtig? Bis wann möchtest du es erreicht haben und was bist du bereit, dafür bis wann zu tun? Schau dir diese Affirmationen regelmäßig, am besten jeden Morgen an. Besonders effektiv ist es, wenn du dir deine Affirmationen laut vorliest.

Ich persönlich gehe dann auch gleich an die Visualisierung meiner Ziele, damit ich sie noch besser verinnerlichen kann. Wie sieht es auf dem Weg zu meinem Ziel aus? Wie fühlt es sich an, wenn ich mein Ziel erreicht habe?

Mach dir ein Bild von deiner Zukunft

Abbildung 7: Mein Vision Board von 2019 als Beispiel

Eine Ziel-Collage zu erstellen ist eine weitere gute Möglichkeit, deine Ziele zu visualisieren. Das funktioniert so: Ausgerüstet mit einem Stapel schöner Magazine und Zeitschriften voller Bilder, einem großen Bogen Papier, z. B. vom Flipchart sowie mit Schere und Kleber, setzt du dich an einen Tisch. Mit der Frage „Wann habe ich ein erfülltes Leben?" im Kopf lässt du die Bilder auf dich wirken. Schneide oder reiße alle Bilder aus, die zu deiner Vision von einem erfüllten Leben passen. Geh ganz intuitiv vor, mach dir keine Gedanken.

Wenn du Gefallen an dieser Methode findest, kannst du dir ein solches Zielbild für jedes Ziel, das du dir vornimmst, erstellen: entweder eins für alle Lebensbereiche oder jeweils nur für deine beruflichen bzw. deine privaten Ziele.

Wenn die Collage fertig ist, platziere sie irgendwo gut sichtbar, sodass dein Unterbewusstsein die Botschaften aus dem Bild immer wieder empfängt und dir so beim Erreichen deiner Ziele behilflich ist. Ich habe zum Beispiel meine Collage abfotografiert und sie auf meinem Sperrbildschirm als Hintergrundbild gespeichert. Wann immer ich mein Smartphone in die Hand nehme, sehe ich jetzt meine Vision.

Wenn du mehrere Collagen erstellst, könntest du sie dir ebenfalls abfotografieren und in handlichem Format ausgedruckt in ein Büchlein kleben. Schau dir die Bilder jeden Abend vor dem Schlafen gehen an. Stell dir vor, wie es sich anfühlt, wenn du deine Ziele erreicht hast. Mach so aus deinen Zielen einen machtvollen Gedanken. Das ist ein hochwirksames, bewährtes Ritual.

Wenn du dich noch intensiver mit deinen Zielen auseinandersetzen möchtest, dann formuliere in dem Büchlein oder Journal jeweils unter den Bildern noch genauer aus, was du bis wann erreicht haben möchtest, warum das bedeutsam für dich ist, wie du dich dann fühlen wirst und was genau du dafür tun möchtest.

Plane langfristig

Wirklich bedeutsame Ziele zu finden, fällt dir vielleicht leichter, wenn du dir eine sehr große Zeitspanne gibst, um sie zu erreichen. Wie soll sich dein Leben in 10–25 Jahren entwickelt haben, genauer gesagt: deine einzelnen Lebensbereiche? Das hat zwei Vorteile:

1. Es bewahrt dich vor blindem Aktionismus und nimmt dir Stress.
2. Du bist eher in der Lage Relevantes vom Unwichtigen zu unterscheiden.

Wenn du klare Bilder für dich entwickelt hast, überlege dir, was du jetzt in den nächsten 90 Tagen erreichen möchtest. Was kannst du ganz konkret tun, um deinem Ziel ein Stück näher zu kommen? Was in der nächsten Woche? Und was heute? So werden die großen, vielleicht sogar monumentalen Ziele für dich besser überschaubar und fassbar – nach dem Motto: „Jede Reise beginnt mit dem ersten Schritt."

Einmal im Quartal schaust du dann auf deine 10–25-Jahres-Ziele und erstellst einen neuen 90-Tage-Plan. Solche langfristigen Ziele können sich unterwegs auch mal ändern. Einmal im Jahr schaust du, ob sie noch für dich stimmen. Und es ist ganz wichtig hinzuspüren, ob es dich tatsächlich immer noch glücklich und zufrieden machen würde, diese Ziele zu erreichen. Nichts ist in Stein gemeißelt.

Wenn ich mehr Zeit hätte

Kennst du diese Sehnsucht auch? – Meine Tage sind gefühlt immer zu kurz und es gibt noch sooo viele Dinge, die ich alle auch noch gerne tun würde. Ich würde gerne mehr ins Kino gehen, all die Bücher auf meinem Nachttisch lesen, meine alte Schulfreundin besuchen, die Verwandten häufiger sehen, gesünder kochen, mehr Sport machen… Meine Liste ist wirklich lang. Aber dafür bleibt mir einfach nicht die Zeit.

In einem Seminar wurden wir einmal aufgefordert, genau diese Liste für uns persönlich zu erstellen. Überschrift: „Wenn ich mehr Zeit hätte, dann möchte ich …" Wir wurden ermuntert über alle Lebensbereiche hinweg einmal nachzuforschen, was wir alles tun würden, hätten wir nur die Zeit dafür. Das taten wir. Nach einiger Zeit sollten wir unsere Liste nehmen, den Satz „Wenn ich mehr Zeit hätte, möchte ich …" durchstreichen und die Überschrift ändern in: „Ich möchte *nicht* …" Ahhhh! Der Aufschrei in der Gruppe war groß! Das fühlte sich erst mal gar nicht gut an! Die ganzen Dinge, von denen ich glaubte, dass ich sie tun möchte – möchte ich *nicht* tun? Wirklich?! Großer Schock!

Aber ist es nicht tatsächlich so, dass wir uns ganz offenbar immer wieder gegen diese Dinge auf der Liste entscheiden, anderes wichtiger nehmen oder unsere Zeit sogar verplempern? Natürlich gehören viel Disziplin und bewusstes Zeitmanagement dazu, alles im Tag unterzubringen, was mir wichtig ist. Andererseits erwische ich mich auch dabei, mich in den Sozialen Medien zu verlieren, meine Serie weiterzuschauen oder einfach noch ein wenig weiterzuarbeiten, statt mich bei der Freundin zu melden, Sport zu machen oder ein gesundes Essen zu planen und dafür einkaufen zu gehen.

Wonach sehnst du dich? Was würdest du gerne tun, wenn du mehr Zeit hättest? Wenn es dir wirklich wichtig ist: Was kannst du dafür tun oder lassen, um diese Sehnsucht – endlich! – zu erfüllen?

• • • • • • • • ● • • • • • • • •

Stärke die Unternehmerin in dir!

Der Gedanke daran, deine Festanstellung aufzugeben – und damit gleichzeitig all die Sicherheiten und Privilegien – hat sicher das Potenzial, viel Druck und Angst in dir auszulösen. Wenn es dir so geht wie mir, dann fällt es dir schwer, insbesondere die finanzielle Sicherheit und Unabhängigkeit aufzugeben. Ich musste auch erst mal ein paar hinderliche Glaubenssätze über Bord werfen: „Verkaufen ist unanständig.", „Geld stinkt.", „Viel Geld zu verdienen oder sogar reich zu sein, verdirbt den Charakter.", „Arbeit muss hart sein, um dafür gut bezahlt zu werden." – allein das Thema „Money Mindset" könnte ein ganzes Buch füllen.

Doch am Ende ist entscheidend: Wie möchtest du auf dein Leben zurückblicken? Was möchtest du erreicht haben? Welchen Platz möchtest du einnehmen? Und wie würdest du rückblickend über dich urteilen, wenn du es nie versucht hättest?

Jetzt ist die Zeit, dich voll und ganz deinem Traum zu widmen und ihm die höchste Priorität in deinem Leben einzuräumen. Glaub an dich und deine Idee! Dann kannst du damit auch finanziell erfolgreich werden. Größere Investitionen musst du nicht alleine stemmen: Wenn deine Idee überzeugt, findest du ganz sicher Investoren, die sich gerne beteiligen wollen.

Einige Lebensbereiche werden sehr davon profitieren, wenn du dich selbstständig machst: Selbstverwirklichung, Anerkennung, Beruf, Kontakte beispielsweise. Andere werden leiden, weil jeder Tag nun mal nur 24 Stunden hat. Das ist auch völlig ok so und deine bewusste Entscheidung für diese Lebensphase des Aufbaus. Schau von Zeit zu Zeit mal wieder auf dein Lebensrad und entscheide dann, was deine Prioritäten für die nächste Phase sind.

Aus meiner Erfahrung ist nur wichtig, dass du den Part Fitness & Wellness – und damit deine Gesundheit – nicht komplett hintenanstellst. Und du brauchst die Unterstützung deines Umfelds. Die kann aus deiner Partnerschaft, deiner Familie, deinem Freundeskreis kommen, oder du findest einen Coach, der dich in deiner Entwicklung begleitet. Und du kannst dich einer Gründerinnen-Community anschließen, um dich mit Gleichgesinnten auszutauschen. Du musst das wirklich nicht alles alleine schaffen!

Wenn du noch ganz am Anfang stehst, gibt es noch so viel zu überlegen und zu bedenken. Der Berg, der vor dir liegt, wirkt vielleicht so groß und unüberwindbar, dass du dich wie gelähmt fühlst. Eine Morgenroutine kann Dir helfen, einerseits den Blick für das Große und Ganze – deine Vision – zu behalten und dich andererseits täglich neu auf den nächsten kleinen Schritt zu fokussieren. Auch der Gipfel des Mount Everest wird schließlich in kleinen, kontinuierlichen Schritten über eine große Zeitspanne hinweg erreicht.

Erinnere dich an deine zurückliegenden Projekte und persönlichen Erfolge, an Dinge, die du erreicht hast, obwohl du vorher dachtest: „Das schaffe ich nicht!" Was genau hat zum Erfolg geführt? Was war dein konkreter Beitrag? Welche deiner Talente konntest du einbringen?

Deinen Stärken näher auf die Spur zu kommen, darum geht es im nächsten Kapitel.

Reflexionsfragen

- ❑ Was macht dich nachhaltig glücklich?
- ❑ Wovon möchtest du mehr in deinem Leben haben?
- ❑ Was sollen die Bilder deines „Museum des Lebens" widerspiegeln?
- ❑ Was ist der „Zweck deiner Existenz"?
- ❑ An welchen für dich bedeutsamen Zielen arbeitest du? (Big Five For Life)
- ❑ Wie viel Zeit nimmst du dir, an deinen wichtigen Zielen zu arbeiten?
- ❑ Hast du ein klares Bild von deiner Zukunft, und wie sieht es aus?
- ❑ Wie zufrieden bist du mit den einzelnen Lebensbereichen aus dem „Lebensrad"?
- ❑ Wo siehst du dich in 10–25 Jahren?
- ❑ Was würdest du tun, wenn du mehr Zeit hättest?

Kennst du dein persönliches „Warum"?: das Wichtigste in Kürze

- ❑ **Was macht dich nachhaltig glücklich und zufrieden?** Welche Bilder willst du in deinem "Museum des Lebens" ausstellen? Was sind die Geschichten, die du deinen Urenkeln einmal voll Stolz über dich erzählen möchtest? Ein Blick zurück aus der Zukunft auf dein Leben kann dir offenbaren, was dir wirklich bedeutsam ist. Mit einer starken Vision werden deine langfristigen Ziele klarer und der Weg dorthin wird selbstbestimmter.
- ❑ **Entwickle eine starke Vision:** Ist das ferne, höhere Ziel klar und „die Sehnsucht nach dem weiten, endlosen Meer" entfacht, fällt es leichter Kurs zu halten und unterwegs bei Störungen und Hindernissen kreative Lösungen zu finden. Das Stresslevel ist niedriger und die Motivation höher als beim klassischen Vorhaben, unbedingt auf dem kürzesten und besten Weg zum Ziel kommen zu wollen.
- ❑ **Fokussiere dich auf das, was dir bedeutsam ist:** Auch wenn heute noch nicht alle deine Lebensbereiche zu hundert Prozent erfüllt sind, lohnt es sich zu entscheiden, worauf du dich in der nächsten Zeit fokussieren möchtest. Denn deine Zeit ist endlich und es passen täglich nur eine begrenzte Menge an "Steinen" in deinen Zeit-Eimer. Du kannst dich emotional und körperlich fit und fokussiert halten, wenn du für dich eine Morgenroutine z. B. mit den sechs "Live S.A.V.E.R.S" etablierst. Eine Ziel-Collage oder ein 10–25-Jahres-Plan unterstützen dein Gehirn, all die Chancen und Möglichkeiten auf deinem Weg ins Bewusstsein vordringen zu lassen. Und es ist gut und richtig, dass es nicht jeder Punkt

von deiner Liste "Wenn ich mehr Zeit hätte …" bis in deine Prioritäten hineinschafft. Jetzt hat dein eigenes Business Priorität!

Ergänzende Arbeitsmaterialien online unter:
www.susanneklein.coach/starke-unternehmerin

Setze deine Stärken
bewusst ein

Als ich endlich anfing, mich intensiver und bewusster mit meinen eigenen Stärken auseinander zu setzen, hatte ich meine 50 schon fast erreicht. Bis dahin lag mein Fokus eher auf dem, was ich nicht so gut konnte, wo ich noch Entwicklungspotenzial sah. Klar, dass sich diese Sichtweise eher negativ auf mein Selbstbewusstsein und mein Selbstvertrauen auswirkte. Um dem entgegenzuwirken besuchte ich allerhand Seminare, Fort- und Ausbildungen, um immer besser zu werden und mich immer breiter aufzustellen. Das machte mir zwar einerseits sehr viel Spaß, doch änderte das nichts an meinem Fokus: Immer noch wusste ich mehr darüber, was ich alles noch nicht konnte, als dass ich mir meiner Kompetenzen, Stärken und Talente bewusst gewesen wäre.

In einer dieser Fortbildungen gingen mir gleich mehrere Lichter auf. Ich stieß auf den StrengthsFinder der Gallup-Beratung. Die Forscher hatten herausgefunden, dass bei jedem Menschen aus den von ihnen definierten 34 Mustern oder Talent-Leitmotiven individuell fünf so genannte Signatur-Talente dominieren. Unsere wirklichen Talente sind solche, die wir mehr oder weniger in die Wiege gelegt bekommen haben: unsere auf natürliche Weise wiederkehrenden Denk-, Gefühls- und Verhaltensmuster.[21]

Zu meinen Signatur-Talenten gehören: Wissbegierde (leidenschaftlich gerne Lernen), Intellekt (Vorliebe fürs Nachdenken) und Ideensammler (Interesse an allem Möglichen). Und das stimmt für mich total. Ich liebe es, in Vorträgen zu sitzen, Podcasts zu hören und jede Menge Fachbücher zu lesen. Nur wusste ich bis dahin nicht, dass das ein Talent von mir sein könnte! Auch meine dominierenden Talent-Leitmotive Bindungsfähigkeit (Pflege von Freundschaften) und Verbundenheit (nichts geschieht ohne Grund, alles hängt zusammen) kann ich gut für mich annehmen und nachvollziehen.

---

[21] Vgl. Buckingham, Marcus/Clifton, Donald O: Entdecken Sie Ihre Stärken jetzt! Das Gallup-Prinzip für individuelle Entwicklung und erfolgreiche Führung, Frankfurt am Main/New York: Campus-Verlag, 2011, S. 36.

Genau wie vielen meiner Seminar- und Coaching Teilnehmerinnen auch, fiel es mir bis dahin eher schwer zu sagen, was ich wirklich gut kann. Heute kenne ich meine Signatur-Talente und kann jetzt viel entspannter mit den Dingen umgehen, die mir nicht so liegen. Mir wurde schlagartig klar: Was ich wirklich gerne mache, ist zugleich auch ein natürliches Talent von mir. Und was mir leichtfällt, ist für andere schwierig und umgekehrt.

Noch einmal vier Jahre später wurde ich auf den VIA-Charakterstärken Test aufmerksam. VIA steht dabei für Values In Action. Die VIA-Klassifikation der Stärken und Tugenden wurde von den Psychologen Dr. Martin Seligman und Dr. Christopher Peterson 2004 entwickelt. Sie schufen damit zum ersten Mal eine gemeinsame, kulturübergreifende Sprache, die die besten Eigenschaften des Menschen beschreibt.[22]

Meine fünf ausgeprägtesten Charakterstärken sind Neugier, Bindungsfähigkeit, Freundlichkeit, Liebe zum Lernen und Optimismus. Auch wenn es sich für mich etwas seltsam anfühlt, hier meine Stärken so herauszustellen – denn, so was macht man doch nicht – möchte ich dir zeigen, dass beide Tests zu ähnlichen Ergebnissen geführt haben. Sowohl als Coach oder Trainerin und neuerdings auch als Autorin, setze ich alle meine Stärken sinnvoll ein. Das macht richtig viel Spaß und gibt mir Energie. Später in diesem Kapitel gehe ich noch einmal näher auf die beiden Konzepte ein.

Was die Wissenschaftler mit ihrer Arbeit geschafft haben, ist, dass sie eine Sprache der Stärken gefunden haben, die sowohl Führungskräfte in ihren Unternehmen anwenden können als auch Praktiker aus dem Feld der Psychologie. Die Definition der 34 Talent-Leitmotive des StrengthsFinders und die 24 Charakterstärken aus der VIA-Klassifikation haben das Potenzial, den Fokus von den Defiziten auf das Können zu verlagern.

Jeder Mensch verfügt über eine einzigartige Kombination aus fünf dieser 34 Talent-Leitmotive beziehungsweise den 24 VIA-Charakterstärken. Wir können sie nur leider nicht immer ausleben – entweder weil sie uns nicht bewusst sind oder weil das Umfeld unsere Stärken nicht abruft.

Low-Performer? High-Performer!

Ausgerechnet von einem Zoobesuch hat Dr. Eckart von Hirschhausen die Erkenntnis mitgebracht, wie leicht wir doch mit unseren Einschätzungen anderer danebenliegen können. In einem seiner YouTube-Videos macht er das eindrücklich deutlich. Beim Anblick eines Pinguins, dachte er: „Der Arme! Er hat Flügel, mit denen er nicht fliegen kann, einen dicken Bauch und so kurze

---

[22] Vgl. Niemiec, Ryan M: Charakterstärken – Trainings und Interventionen für die Praxis, Bern: Hogrefe, 2019, S. 17.

Beine, bei denen der Schöpfer auch noch die Knie vergessen hat. Fehlkonstruktion!"[23]

Als Hirschhausen dann aber beobachtete, wie wendig, schnell und effizient so ein Pinguin unter Wasser ist, wurden ihm zwei Dinge klar: Erstens, wie schnell man Vorurteile fasst, und zweitens, wie entscheidend es ist, ob wir jemanden in seinem Element erleben: der Pinguin im Wasser – pfeilschnell und wendig. Oder der Pinguin an Land – unbeholfen und tapsig.

Ein Pinguin an Land wäre für uns auf Anhieb ein „Low-Performer". Er kann nicht fliegen, ist langsam und bewegt sich wie eine schlechte Charlie-Chaplin-Imitation. Seine Figur ist ein einziger Stummel, so könnte man lästern. Den Pinguin im Wasser zu beobachten … da scheinen Welten dazwischenzuliegen. Kaum wieder zu erkennen. Ein echter High-Performer!

Ich lade dich ein, mal mit dieser Brille auf deine Mitmenschen zu schauen, und zwar besonders auf die, die du für Low-Performer hältst. Welche Möglichkeiten fallen dir ein, das Umfeld für diese Menschen günstig zu beeinflussen, so dass sie ihr ganzes Talent entfalten können? Und frage dich, ob du ihre Stärken überhaupt kennst – denn irgendwelche Talente hat wirklich jeder – oder ob du sie einfach schon als Looser abgestempelt hast?

Und jetzt zu dir selbst: Wie ist deine Selbsteinschätzung? Weißt du, wann du ganz in deinem Element bist? Auf die Frage: „Was kannst Du richtig gut?" höre ich in meinen Seminaren und Coachings häufig die Antwort: „Da musst du meine Kollegen oder meinen Partner fragen." Viele von uns sind sich der eigenen Stärken nicht bewusst. Oder wir tun sie ab, weil wir nicht auffallen oder angeberisch wirken wollen.

Dabei ist jeder der über 7 Milliarden Menschen wirklich einzigartig! Niemand sonst hat unsere Kombination aus Talenten, Erfahrungen, Fähigkeiten und Wissen. Das sind unsere ganz individuellen Stärken![24] Stärke wird von Marcus Buckingham und Donald O. Clifton in ihrem Buch „Entdecken Sie Ihre Stärken jetzt!" als „die beständige, beinahe perfekte Leistung in einer Tätigkeit" definiert.[25] Sie sind davon überzeugt, dass es für Unternehmen deutlich wirtschaftlicher wäre, die Talente der Beschäftigten zu erkennen und zu fördern, statt zu versuchen, die Defizite auszugleichen. In ihren Untersuchungen fanden sie heraus, dass nur etwa 20 Prozent der Beschäftigten von großen Unternehmen das Gefühl hatten, ihre Stärken jeden Tag einsetzen zu können.[26] Aus Sicht

---

23   Vgl. Mach es wie der Pinguin: https://www.youtube.com/watch?v=tOxywMaE-8GY (Youtube Video).

24   Vgl. Buckingham/Clifton, 2011, S. 37.

25   Vgl. Buckingham/Clifton, 2011, S. 32.

26   Vgl. Buckingham/Clifton, 2011, S. 17.

der beiden Autoren gibt es keine Low-Performer, sondern lediglich unerkannte und ungenutzte Talente der Beschäftigten.

Robert Biswas-Diener, ein US-amerikanischer Psychologe, beschreibt Stärken als Dinge, die wir gut können und die uns gleichzeitig Energie geben. Das unterscheidet sie dann auch von gelerntem Verhalten oder von Fertigkeiten, die wir durch wiederholtes Üben zwar sehr gut beherrschen, die uns aber durchaus auch Energie rauben können.[27]

Im Laufe unseres Lebens eignen wir uns privat wie beruflich Dinge an, für die wir Lob und Anerkennung erhalten, etwa Tätigkeiten, die von uns gefordert werden, für die wir eine Gehaltserhöhung erwarten können oder die eine Beförderung möglich machen. Dadurch sind wir überwiegend extrinsisch (von außen) motiviert, und, wenn wir nicht aufpassen, brennen wir aus.[28]

Wir beschäftigen uns in unserer Kultur eher mit Defiziten. Daher fehlt uns häufig das Bewusstsein für unsere individuellen Stärken. Das ist aber wichtig, damit wir uns mit Spaß in unserem Element bewegen und – wie der Pinguin im Wasser – zur Höchstform auflaufen können.

Deinen Stärken auf der Spur

Kannst du für dich sagen, worin deine Stärken liegen? Welches Umfeld brauchst du, damit du zum High-Performer wirst? Für eine erste Selbsteinschätzung helfen dir Antworten auf die folgenden vier Fragen:

1. Was kannst du richtig gut?
    Nimm dir noch mal dein Lebensrad aus dem Kapitel „Kennst du dein persönliches „Warum"?" zur Hand. Wenn du auf all diese Lebensbereiche schaust: Welche Aktivitäten fallen dir ein, die du richtig gut kannst. Was fällt dir leicht? Wo wirst du um Rat gefragt? Schreib alles, was dir dazu einfällt, auf ein Blatt Papier.

2. Was macht dir Spaß?
    Um deinen Stärken – in Abgrenzung zu gelerntem Verhalten! – weiter auf die Spur zu kommen, schau noch mal auf den Zettel und frage dich: Was von den Dingen macht dir richtig Spaß? Denn das ist ja bei Weitem nicht dasselbe. Nur weil du mit Tabellen-Kalkulationen besser umgehen kannst als deine Kollegen, heißt das nicht gleichzeitig auch, dass es dir Spaß macht, wenn du hierbei um Hilfe gebeten wirst. Sei

---

[27] Vgl. Linley, Alex/Willard, Jane/Biswas-Diener, Robert: The Strengths Book: Be Confident, Be Successful, and Enjoy Better Relationships by Realising the Best of You, Covenrty: CAPP PRESS, 2010, S. 13.

[28] Vgl. Linley/Willard/Biswas-Diener, 2010, S. 67.

hier genau: Vielleicht ist es dir schon wichtig zu helfen und es macht dir Spaß eine gute Beziehung zu den Kollegen zu haben oder du hilfst einfach nur sehr gerne. Also welche Aktivitäten, die du gut kannst, machen dir Spaß und geben dir mehr Energie, als sie dich kosten?

3. Was erfüllt einen bedeutsamen Zweck?
   Führe dir nochmal deine Lebensziele, deine Zukunftsvisionen vor Augen. Nicht alles was dir leicht fällt und viel Spaß macht, sind auch Aktivitäten, die dich deinen persönlichen Zielen näherbringen. Vielleicht fehlt Dir anschließend sogar die Zeit für deine wirklich wichtigen und bedeutsamen Projekte, für deine „Steine" im Zeit-Eimer. (vgl. Kapitel „Kennst du dein persönliches „Warum"?")

   Also, von dem, was dir leichtfällt, Spaß macht und Energie gibt: Was davon erfüllt einen bedeutsamen Zweck? Welche Aktivitäten bringen dich deiner Zukunftsvision näher? Wovon möchtest du mehr machen?

4. Stärken bewusst machen
   Ziemlich sicher hast du jetzt eine Liste vor dir liegen, die sehr gut deine Stärken beschreibt. Du hast Aktivitäten aufgeschrieben, die du ganz selbstverständlich beherrschst, zu denen du ein natürliches Talent hast. Dinge, die dir besonders leichtfallen. Tätigkeiten, in denen du ganz aufgehen kannst und dabei die Zeit total vergisst.

   Natürlich ist auch dein privates und berufliches Umfeld eine gute Quelle, wenn es um die Entdeckung Deiner Stärken geht. Frage also deine Freunde, Familie und Kollegen nach deren Einschätzung.

Nimm Lob bewusst wahr

Du findest auch mehr über deine Stärken heraus, wenn du dir bewusst machst, für welche Aktivitäten du von anderen Lob erhältst oder wo du um Rat gefragt wirst. Das sind meist die Dinge, die dir sehr leicht von der Hand gehen, die für dich ganz selbstverständlich sind und dir dazu noch sehr viel Spaß machen und Energie geben. Dinge, die du vielleicht abtust mit: „Ach, das ist doch nichts…!"

Was für dich „nichts" ist, finden andere bewundernswert. Ihnen fällt schwer, das zu tun, was du gut kannst. Meist gilt das dann umgekehrt genauso – der andere kann etwas, das dir wiederum schwerer fällt. Und diese Ergänzung ist es, die eine gute Gemeinschaft, ein gutes Team auszeichnet, besonders dann, wenn jeder seine ganz individuellen Stärken einbringen kann.

Susanne Klein

Hol dir aktiv Feedback für deine Stärken

Familie, Freunde und/oder Kollegen nach einem Stärken-Feedback zu fragen, erscheint dir vielleicht auf den ersten Blick als eine seltsame Idee. Es fühlt sich nach „Fishing for Compliments" an und ist dir möglicherweise erst mal eher peinlich. Weniger Probleme hätten wir, aktiv nach Verbesserungspotenzial zu fragen. Denn Rückmeldungen zu unseren Schwächen zu bekommen, sind wir ja aus Schule, Studium oder im Job irgendwie gewohnt.

Trau dich! Lade Menschen, die dich sehr gut kennen, zu einem Stärken-Interview ein. Bitte darum, dir deine Stärken an möglichst konkreten Situationen aufzuzeigen. So bekommst du ein besseres Gefühl dafür, was von anderen als deine Stärke wahrgenommen wird. Und verknüpfe die Ergebnisse anschließend mit deiner Selbsteinschätzung.

Du kannst damit gleich zwei Fliegen mit einer Klappe schlagen: Du erfährst einerseits, was der anderen Person wichtig ist und was sie für deine Stärken hält. Und du kannst andererseits sicher sein, dass sich ein intensives Gespräch über deine Stärken auch sehr positiv auf die Qualität eurer Beziehung auswirken wird. Diesen Effekt kannst du noch verstärken, indem du auch deinem Gegenüber spiegelst, was du für seine Stärken hältst. Auch wenn es vielleicht erstmal schwerfällt: Halte die Situation aus! Denn du bist einzigartig!

Wenn Du es lieber strukturiert angehen willst, lege ich dir die oben schon erwähnten zwei wissenschaftlichen Stärken-Tests sehr ans Herz: den StrengthsFinder und den VIA-Charakterstärken-Test.

Das Gallup Prinzip – der StrengthsFinder

Die Gallup Organisation, ein US-amerikanisches Beratungs- und Forschungsunternehmen, interessiert sich u. a. dafür, was erfolgreiche Unternehmen und Manager von nicht so erfolgreichen unterscheidet. In über 2 Millionen Interviews, davon über 80.000 mit Managern[29], fanden die Forscher heraus: Wenn Mitarbeiter jeden Tag das tun, was sie am besten können, wirkt sich das nachweislich deutlich positiv auf die Mitarbeiterloyalität, die Produktivität und die Kundenzufriedenheit aus.

Erschreckend ist, dass weltweit nur etwa 20 Prozent der Mitarbeiter das Gefühl haben, ihre Stärken jeden Tag einsetzen zu können. Das bedeutet im Umkehrschluss, dass die Unternehmen 80 Prozent des Potenzials ihrer Beschäftigten nicht nutzen, obwohl sie es sehr gerne einbringen würden.[30]

---

[29] Vgl. Buckingham/Clifton, 2002, S. 22.

[30] Vgl. Buckingham/Clifton, 2002, S. 16f.

Der Fokus der Personalentwicklung liegt in den meisten Unternehmen darauf, Lücken in den sogenannten Entwicklungsfeldern der Beschäftigten zu schließen. Bei der Gestaltung der betrieblichen Aus- und Fortbildungsprogramme ist die Grundannahme:

1. dass jeder Mensch Kompetenzen in fast allen Gebieten erwerben kann, wenn man ihn nur ausreichend schult, und
2. dass der größte Hebel der Potenzialentfaltung bei der Minimierung der Schwächen liegt.[31]

Diese Form der Defizitorientierung trägt nicht sonderlich zur Mitarbeiterzufriedenheit bei, während Lob, Anerkennung und positive Verstärkung die Menschen zu Höchstleistungen beflügeln. Erfolgreiche Manager wissen das und legen ihren Fokus auf die Stärken ihrer Mitarbeiter. Ihre Grundannahmen sind:

1. Die Talente jedes einzelnen Menschen sind dauerhaft und einzigartig.
2. Der größte Spielraum für die Leistungssteigerung liegt bei jedem einzelnen Menschen in den Bereichen ihrer oder seiner größten Stärken.[32]

Okay. Jetzt könnte man sagen: „Nichts leichter als das. Ab jetzt stärken wir die Stärken unserer Mitarbeiter und wir werden so erfolgreich, wie die Erfolgreichsten." Aber was genau sind eigentlich Stärken?

Damit sich eine Stärke entwickeln kann, müssen drei Komponenten ineinandergreifen:

1. **Talente** = jedes nachhaltige Denk-, Gefühls- oder Verhaltensmuster, das produktiv eingesetzt werden kann.
2. **Wissen** = erlernte Sachkenntnis und die gesammelten Erfahrungen
3. **Können** = geübte Tätigkeiten[33]
   Stärke = Talent + Wissen + Können

Ohne Talent können wir lediglich einen gewissen Grad an Expertise erreichen. Erst mit unseren angeborenen Talenten werden aus Wissen und Können echte Stärken, die bis zur Weltklasse heranreifen können. Dann geben uns unsere Tätigkeiten Energie und machen Spaß.

Häufig fehlt uns ein Bewusstsein für unsere Talente und wir sind es nicht gewohnt, Talente bei anderen zu entdecken und zu benennen. Unsere alltägliche Sprache ist vielfältig und reich, wenn es darum geht, unsere Schwächen zu beschreiben. So sind wir sozialisiert worden.

---

[31] Vgl. Buckingham/Clifton, 2002, S. 18.

[32] Vgl. Buckingham/Clifton, 2002, S. 20.

[33] Vgl. Buckingham/Clifton, 2002, S. 37.

Meist fehlen uns aber die Worte, wenn wir unsere Stärken benennen sollen. Hier bietet der „StrengthsFinder" einen guten Einstieg in ein talentorientiertes Vokabular und damit in die Möglichkeit eine positivere Sicht auf sich selbst und auf andere zu bekommen – dann nämlich, wenn wir beginnen, den Fokus auf die Stärken und die Talente zu verlegen.

34 Muster oder Talent-Leitmotive

Bei aller Individualität und Einzigartigkeit der Interview-Partner, zeigten sich in den Gallup-Studien bestimmte Muster. Um die Komplexität zu reduzieren bildeten die Forscher 34 Cluster, die sie als Talent-Leitmotive bezeichneten. Sie sind davon überzeugt, dass bei jedem Menschen eine Kombination aus fünf dieser 34 Talent-Leitmotive dominiert. Daraus ergeben sich die individuellen Muster, die so genannten „Signatur-Talente".

Die 34 Talent-Leitmotive sind in vier Bereiche gruppiert. Sie helfen den Menschen zusammenzuarbeiten und ihre Ziele zu erreichen:

1. Strategisches Denken

   Talente, die helfen, besser Entscheidungen zu treffen und bessere Ergebnisse zu erzielen:

   - **Analytisch:** Suche nach Gründen und Ursachen, ein genaues Bild machen
   - **Kontext:** abgeleitet aus der Vergangenheit die Gegenwart verstehen
   - **Zukunftsorientierung:** deren Visionen wirken auf andere anspornend
   - **Vorstellungskraft:** neue Ideen faszinieren, Zusammenhänge erkennen
   - **Ideensammler:** Informationen, Ideen, Gegenstände sammeln und archivieren
   - **Intellekt:** geistig aktiv, sich selbst beobachten, intellektuelle Diskussionen führen
   - **Wissbegierde:** leidenschaftliches Lernen, für den Lernprozess begeistern
   - **Strategie:** erkennen von relevanten Mustern, denken in Alternativen

2. Beziehungsaufbau
   Talente, die helfen, den Zusammenhalt im Team zu gewährleisten:

   - **Anpassungsfähigkeit:** die Dinge nehmen, wie sie kommen, im Heute leben

- ❑ **Verbundenheit:** es gibt keine Zufälle, alles was geschieht, hat seinen Sinn
- ❑ **Entwicklung:** das Potenzial anderer erkennen und entwickeln
- ❑ **Einfühlungsvermögen:** Gefühle nachvollziehen, in das Leben anderer hineinversetzen
- ❑ **Harmoniestreben:** um gegenseitiges Verständnis bemühen
- ❑ **Integrationsbestreben:** Außenseiter in ihre Gruppen integrieren
- ❑ **Einzelwahrnehmung:** konstruktive Zusammenarbeit von einzigartigen Menschen ermöglichen
- ❑ **Positive Einstellung:** ihre Begeisterung und ihr Optimismus stecken an
- ❑ **Bindungsfähigkeit:** enge Beziehungen eingehen, zusammen hart an einem gemeinsamen Ziel arbeiten

3. Einflussnahme
Talente, die helfen, sich Gehör zu verschaffen und andere von Ideen zu überzeugen:
- ❑ **Tatkraft:** Dinge sofort anpacken, statt nur darüber zu reden
- ❑ **Autorität:** immer Herr der Lage, entscheidungsfreudig sein
- ❑ **Kommunikationsfähigkeit:** Gedanken in Worte fassen, gute Moderatoren
- ❑ **Wettbewerbsorientierung:** mit anderen im Wettkampf messen, Sieg anstreben
- ❑ **Höchstleistung:** selbst und in der Gruppe optimale Ergebnisse erzielen
- ❑ **Selbstbewusstsein:** innerer Kompass gibt Sicherheit bei Entscheidungen
- ❑ **Bedeutsamkeit:** starkes Unabhängigkeitsgefühl, wählen Projekte nach deren Auswirkung aus
- ❑ **Kontaktfreudigkeit:** auf Unbekannte zugehen, das Eis brechen, in Kontakt kommen

4. Durchführung
Talente, die helfen, Ideen zu verwirklichen. Unermüdliches Arbeiten, um Ziele zu erreichen:

- ❑ **Leistungsorientierung:** hohes Durchhaltevermögen, produktives Handeln gibt Befriedigung
- ❑ **Arrangeur:** großes Organisationstalent, flexibel, Maximierer
- ❑ **Überzeugung:** stabiles Wertesystem, aus dem sie den Sinn des Lebens schöpfen
- ❑ **Gerechtigkeit:** feste Regeln gelten für alle
- ❑ **Behutsamkeit:** ernsthaft in der Entscheidungsfindung, vorwegnehmen von Risiken und Schwierigkeiten
- ❑ **Disziplin:** Freude an Routine und Struktur

- ❑ **Fokus:** Ziele setzen und priorisieren, eventuell erforderliche Korrekturen vornehmen
- ❑ **Verantwortungsgefühl:** Zusagen einhalten, wichtige Werte sind Ehrlichkeit und Loyalität
- ❑ **Wiederherstellung:** Herausfinden, was schiefläuft, Probleme beheben[34]

Hast du Lust herauszufinden, wo deine Talente liegen? In dem Buch „Entdecken Sie Ihre Stärken jetzt!" werden alle Talent-Leitmotive ausführlich beschrieben. Eine eingedruckte Kennnummer berechtigt dich ohne zusätzliche Kosten, das Online-StrengthsFinder-Profil auszufüllen.[35] Danach erfährst du augenblicklich, was deine Signatur-Talente sind.

Ich habe das Buch schon mehrfach verschenkt! Mich interessierte, welche Stärken mein Mann und unsere Töchter haben, und ich fand es toll, diesen Fokus für mich selbst zu schärfen. Auch viele meiner Coachingkunden haben von den damit gewonnenen Erkenntnissen sehr profitiert.

Der Fokus des Gallup StrenghtsFinders liegt ganz klar auf dem wirtschaftlichen Nutzen für die Arbeitswelt. Es werden jeweils fünf Talent-Leitmotive der Beschäftigten als Stärken identifiziert, deren optimaler Einsatz die bestmöglichen Ergebnisse in den Unternehmen erzielt. Der Nutzen für die Beschäftigten liegt darin, im besten Fall nur solche Aufgaben erledigen zu können, die ihnen leicht von der Hand gehen und Spaß machen.

Values in Action - der Charakterstärken-Test

Der Charakterstärken-Test aus der Positiven Psychologie verfolgt einen anderen Ansatz. Bei der Entwicklung des wissenschaftlichen VIA-Tests (Values In Action) interessierte das Psychologen-Team rund um Seligman, was generell ein gelingendes Leben ausmacht. Bei der Definition der Charakterstärken war es den Forschern wichtig, dass diese Stärken kulturübergreifend positiv bewertet wurden. Ehrgeiz fiel daher beispielsweise raus, da diese Qualität nicht in allen Kulturen gleichermaßen positiv besetzt ist. Ein zweites Kriterium: Es sollte möglich sein, die Charakterstärken weiterentwickeln zu können.

Die Wissenschaftler verständigten sich auf 24 Charakterstärken, die jeder von uns in unterschiedlichen Ausprägungen in allen Lebensbereichen (häuslicher Bereich, Arbeit, Schule, Sozialbereich) zeigt. Das Ergebnis des Tests zeigt eine Rangordnung aller 24 Charakterstärken, wobei die ersten fünf als Signaturstärken definiert sind.

---

[34] Vgl. www.gallup.com/cliftonstrengths/de/253739/CliftonStrengths-Bereiche. aspx#ite-262064.

[35] Link zum Test: https://www.gallup.com/cliftonstrengths/de/home.aspx.

Für die Arbeit mit den Charakterstärken gelten grundsätzlich zwei Prinzipien:

1. Alle 24 Stärken sind von Bedeutung und
2. die Signaturstärken bilden den Schwerpunkt.[36]

Die Charakterstärken werden sechs Tugenden zugeordnet:[37]

1. Weisheit und Wissen:
    Kognitive Stärken, die den Erwerb und den Gebrauch von Wissen beinhalten:

    - **Kreativität:** neue und effektive Wege finden Dinge zu tun
    - **Neugier:** Interesse an der Umwelt haben
    - **Urteilsvermögen:** Dinge durchdenken und von allen Seiten betrachten
    - **Liebe zum Lernen:** neue Techniken erlernen und Wissen aneignen
    - **Weitsicht:** in der Lage sein, guten Rat zu geben

2. Mut
    Emotionale Stärken, die mit Willenskraft innere und äußere Barrieren bei der Erreichung eines Zieles überwinden:

    - **Authentizität:** ehrlich mit sich selbst sein, Aufrichtigkeit, Integrität
    - **Tapferkeit:** Standhaftigkeit, sich Bedrohung oder Schmerz nicht beugen, Herausforderungen annehmen
    - **Ausdauer:** beenden, was begonnen wurde, Hindernisse überwinden
    - **Enthusiasmus:** Vitalität, der Welt mit Begeisterung, Elan und Energie begegnen

3. Menschlichkeit
    Interpersonale Stärken, die liebevolle menschliche Interaktionen ermöglichen:

    - **Freundlichkeit:** anderen helfen, großzügig sein, Fürsorge, Mitgefühl
    - **Bindungsfähigkeit:** menschliche Nähe herstellen können, echte Wärme
    - **Soziale Intelligenz:** sich der Motive und Gefühle von sich selbst und anderen bewusst sein, emotionale Intelligenz

4. Gerechtigkeit
    Stärken, die das Gemeinwesen fördern:

---

[36] Vgl. Niemiec, 2019, S. 381.
[37] Vgl. Niemiec, 2019, 2. Umschlagseite.

- ❑ **Fairness:** alle Menschen nach dem Prinzip der Gleichheit und Gerechtigkeit behandeln, Chancengleichheit für alle
- ❑ **Führungsvermögen:** Gruppenaktivitäten organisieren und ermöglichen, positiver Einfluss auf andere
- ❑ **Teamfähigkeit:** soziale Verantwortung, Gruppenbemühungen unterstützen, Loyalität

5. Mäßigung
   Stärken, die Exzessen entgegenwirken, maßvoll sein:

- ❑ **Vergebungsbereitschaft:** Schwächen anderer akzeptieren, eine zweite Chance geben, Mitleid
- ❑ **Bescheidenheit:** das Erreichte für sich sprechen lassen, Demut
- ❑ **Vorsicht:** nichts tun oder sagen, was später bereut werden könnte, Behutsamkeit, unangemessene Risiken vermeiden
- ❑ **Selbstregulation:** Selbstkontrolle, diszipliniertes Steuern von Impulsen, Emotionen und Lastern

6. Transzendenz
   Stärken, die uns einer höheren Macht näherbringen und Sinn stiften:

- ❑ **Sinn für das Schöne:** Schönheit ehrfürchtig bestaunen, Bewunderung für Können, Höherstreben zu moralischer Schönheit
- ❑ **Dankbarkeit:** sich der guten Dinge bewusst sein und sie zu schätzen wissen, Dank ausdrücken, sich gesegnet fühlen
- ❑ **Hoffnung:** das Beste erwarten und daran arbeiten, es zu erreichen, positive Zukunftsorientierung
- ❑ **Humor:** unbeschwert sein und die guten Seiten sehen, die Leute gerne zum Lachen bringen, Verspieltheit
- ❑ **Spiritualität:** von einem höheren Sinn des Lebens überzeugt sein

Nach dem Verständnis von Seligmans Team besitzt jeder Mensch alle 24 Charakterstärken in unterschiedlicher Ausprägung. So entsteht für jeden sein einzigartiges Stärken-Profil. Menschen, die ihre Stärken häufig einsetzen können, blühen (flourish) mit 18-fach höherer Wahrscheinlichkeit auf als solche, die sie nicht nutzen können (Kernelemente des Flourishing = positive Emotionen, Engagement, Sinnhaftigkeit, positive Beziehungen, Leistung).[38]

Einen ersten Einblick in deine Charakterstärken bekommst du über den kostenlosen VIA-Charakterstärken-Test.[39] Dort kannst du über ein Drop-Down-Menü deine Sprache auswählen. Für Jugendliche zwischen 10 und 17 gibt es noch einen separaten Test.

---

[38] Vgl. Niemiec, 2019, S. 55.

[39] www.viacharacter.org/survey/account/register.

Ausschließlich das zu tun, was wir am besten können, gelingt uns wohl kaum zu 100 Prozent. Und doch sollte es unser Ziel sein, möglichst häufig unsere Stärken einzusetzen. Im Job. In unseren Beziehungen. In unserer freien Zeit. Menschen, die täglich ihre Stärken einbringen, erreichen langfristig ein höheres Wohlbefinden und sind sowohl mental als auch körperlich gesünder. Deshalb ist es so wichtig, sich seiner Stärken bewusst zu werden und sie zu leben!

Lebe deine Stärken

Mein Verständnis von „besser werden" war lange Zeit davon geprägt, mich überwiegend damit zu beschäftigen, wie ich meine Defizite ausgleichen könnte. In den entsprechenden Seminaren war ich dann frustriert, weil mir die Dinge scheinbar viel schwerer fielen als anderen Teilnehmenden. Für mich der Beweis: Ich war nicht gut genug! Mein Glaubenssatz wurde bestätigt.

Wenn wir unseren Fokus auf unsere Schwächen, die Beseitigung von Mängeln und die Vermeidung von Schmerzen richten, erreichen wir bestenfalls einen spannungsfreien Zustand. Wir haben zwar keine Schmerzen mehr, aber wirklich gut geht es uns deshalb noch lange nicht.

Von herausragenden Persönlichkeiten lernen

Spitzensportler und herausragende Persönlichkeiten in Kunst, Wissenschaft und Wirtschaft ticken da irgendwie ganz anders. Von Tiger Woods, einem sehr erfolgreichen Profi-Golfer, sagt man: seine Stärke sei, lange Distanzen zu schlagen und auf dem Grün unglaublich gut zu putten – also den Ball auf den letzten Metern sicher ins Loch zu bringen. Was er nicht so gut können soll, sei Bälle aus den Bunkern – den Sandhindernissen – herauszubefördern.

Für mich war überraschend, wie sein Training aufgebaut ist: Anstatt die meiste Trainingszeit in Bunkerschläge zu investieren, also den Mangel auszugleichen, konzentriert er sich darauf, seine Stärken zu stärken. Er präzisiert mit großer Ausdauer und Fleiß weiter seine langen Schläge und die Putts.[40] Das steigert seine vorhandenen Kompetenzen weiter und macht sicherlich um ein Vielfaches mehr Spaß, als sich mit diesen blöden Bunkerschlägen abzuplagen. Es entsteht eine kreative Spannung: Erfolg, Spaß und Selbstsicherheit setzen eine Aufwärtsspirale in Gang.

Die Stärkung unserer Stärken macht uns also eher zu Leistungsträgerinnen. Und das stärkt auch unsere psychische Widerstandskraft. Wir haben dann die Fähigkeit, Krisen sehr gut zu meistern und nehmen sie eher als Entwicklungschancen wahr. Dadurch bauen wir unsere Ressourcen weiter aus. Wenn du an

---

[40]   Vgl. Buckingham/Clifton, 2002, S. 32.

deiner Resilienz arbeitest, wirst du widerstandsfähiger, leistungsfähiger, stärkst dein Selbstvertrauen und fühlst dich besser. Eine hohe psychische Widerstandskraft soll sich sogar positiv auf die Lebenserwartung auswirken.

Unser größtes Entwicklungspotenzial liegt darin, uns unserer unerkannten Stärken bewusst zu werden und diese dann vermehrt einzusetzen. Schwächen ausbügeln zu wollen, halten Psychologen für wenig zielführend, besonders wenn es darum geht, ein glückliches und zufriedenes Leben zu führen.[41] Sich mit seinen Schwächen zu beschäftigen macht einfach weniger Spaß und nagt an unserem Selbstbewusstsein, unserem Selbstwert. Wie gesagt: Da kann ich ein Lied von singen.

Der größte Hebel, liegt also darin, dass wir uns auf unsere Talente fokussieren. Gut, wenn wir sie auch noch vom erlernten Verhalten unterscheiden können. Wir können zwar mit viel Fleiß erstaunliche Fertigkeiten erreichen, werden aber dennoch eher nur Mittelmaß erlangen, wenn der Fleiß nicht zusätzlich auf Talent stößt. Wollen wir uns weiterentwickeln, sind wir deshalb gut beraten, uns unserer Stärken bewusst zu werden. Sei es durch Stärkentests, Feedback-Gespräche oder unsere Selbstreflexion. Sie häufiger zu nutzen und neue Einsatzgebiete für unsere Talent-Leitmotive und Charakterstärken zu finden, birgt das größte Potenzial für unsere Entwicklung, unser Glück und unseren Erfolg.

Echte Stärken und Talente unterscheiden wir von erlerntem Verhalten dadurch, dass sie uns mehr Energie geben als sie uns rauben, dass sie uns leichtfallen und uns wie selbstverständlich von der Hand gehen.

Die Empfehlung der Wissenschaftler:

- ❏ „Setze deine erkannten Stärken ein, indem du sie bestmöglich nutzt, aber nicht zu sehr [Anmerkung: überbeanspruchte Stärken werden zu Schwächen – Neugier wird dann z. B. zur Indiskretion].
- ❏ Maximiere deine nicht realisierten Stärken, indem du Gelegenheiten findest, sie besser zu nutzen.
- ❏ Mäßige dein gelerntes Verhalten, indem du es nicht zu oft anwendest.
- ❏ Minimiere deine Schwächen, indem du Wege findest, dich nicht mehr auf sie konzentrieren zu müssen."[42]

Fehlendes Talent ausgleichen

Während der Duden Schwäche als Mangel von Können definiert, gehen die Autoren Buckingham und Clifton davon aus, dass Schwäche alles ist, was sich

---

41   Vgl. Linley/Willard/Biswas-Diener, 2010, S. 13ff.

42   Linley/Willard/Biswas-Diener, 2010, S. 13f.

einer ausgezeichneten Leistung in den Weg stellt.[43] Sie sind davon überzeugt, dass wir nicht alles wissen oder können müssen und dass wir viele der vermeintlichen Schwächen einfach ignorieren können. Das klingt doch nach einem interessanten Konzept, oder?

Allerdings glauben sie auch, dass es relevant ist, bestimmtes Verhalten zu erlernen, wenn es uns dadurch gelingt, fehlendes Talent auszugleichen: „Wenn Sie auf diesen Gebieten – Kommunikationsfähigkeit, Einfühlungsvermögen, Disziplin oder Verantwortungsgefühl – keine dominierenden Talente besitzen, werden Sie an sich arbeiten müssen, um etwas besser zu werden."[44] Hier lohnt es sich also, Wege zu finden, einen Mangel an Talent so weit auszugleichen, dass wir zumindest unseren sozialen und beruflichen Grundanforderungen gerecht werden können.

Versuche dabei allerdings nicht jemand zu sein, der du nicht bist. Vielmehr gleiche deine fehlenden Talente mit für dich passenden Hilfssystemen aus. Bist du vielleicht etwas chaotisch veranlagt, dann verpflichte dich selbst, z. B. einmal im Monat deinen Schreibtisch aufzuräumen. Oder leidest du unter zu kurzen Aufmerksamkeitsspannen, dann finde heraus, welche größtmöglichen Zeiträume für dich angemessen sind, und stell dir einen Timer zwischen 20 und 90 Minuten. Nach einer konzentrierten Phase der Arbeit erlaube dir eine Ausgleichsphase von ein paar Minuten. Gehören Kommunikationsfähigkeit und Einfühlungsvermögen nicht zu deinen dominierenden Talenten, eigne dir die Technik des aktiv-konstruktiven Zuhörens an und gib so deinem Gegenüber das Gefühl von Zuwendung und echtem Interesse. Im Kapitel „Verbessere deine Beziehungen" gehe ich darauf noch mal näher ein.

Wenn du dir aussuchen kannst, mit wem du arbeiten oder kooperieren möchtest, ist es sehr hilfreich, Partnerschaften mit Menschen einzugehen, die gerade solche Talente mitbringen, die dir fehlen. Jemand, der sich gerne in Zahlen und Analysen einarbeitet, ist nicht zwingend besonders kommunikationsfähig und umgekehrt. Wenn sich hier zwei Menschen sinnvoll zusammentun, kann jeder in seiner absoluten Stärke Höchstleistungen erbringen.

Wenn du dir etwas Gutes tun möchtest, befasse dich möglichst wenig mit deinen Schwächen! Denn das raubt dir unnötig viel Zeit und untergräbt dein Selbstvertrauen. Sicher gehört erst einmal viel Mut dazu, seine Schwächen zu akzeptieren und dann auch noch dazu zu stehen.

Ziel sollte es sein, jeden Tag die Möglichkeit zu haben, deine Stärken zu leben und im Job einzubringen. Bist du aktuell noch fest angestellt und planst es auch noch eine Weile zu bleiben, kann das ggf. bedeuten, deinen Verantwortungsbereich stärkenorientiert zu verändern oder sogar den Job zu wechseln.

---

[43]   Vgl. Buckingham/Clifton, 2002, S. 167.

[44]   Buckingham/Clifton, 2002, S. 170.

Beim Umgang mit deinen Schwächen geht es mehr darum Strategien zu entwickeln, mit ihnen so umzugehen, dass sie deinen Stärken nicht im Wege stehen. Und je häufiger du deine Stärken einsetzen kannst, desto glücklicher, selbstbewusster und erfolgreicher wirst du sein.

Stärkenorientiert führen

Erfolgreiche Manager legen ihren Fokus auf die Entwicklung der Stärken ihrer Beschäftigten. Sie wissen, dass das der entscheidende Hebel zur Leistungssteigerung ist. Auf der Gallup-Website sind die folgenden Untersuchungsergebnisse zur stärkenorientierten Entwicklung zu finden:

- ❑ 7 bis 23 Prozent höhere emotionale Mitarbeiterbindung
- ❑ 8 bis 18 Prozent höhere Leistung
- ❑ 20 bis 73 Prozent geringere Abwanderung[45]

Beeindruckende Zahlen, besonders wenn du dir auch vor Augen führst, was das umgekehrt heißt, also wenn es keine stärkenorientierten Entwicklungschancen gibt: Mehr als drei Viertel der Beschäftigten haben dann eine geringere emotionale Bindung zu ihrem Unternehmen, 80 Prozent bleiben hinter ihrer Höchstleistung zurück und 27 bis 80 Prozent sind weniger loyal. Auch wenn Stärkenorientierung sicher nur einer von vielen Erfolgsfaktoren ist, so bin ich doch davon überzeugt, dass es ein Versuch wert ist, sich im Team und im (eigenen) Unternehmen damit auseinander zu setzen.

Ich freue mich sehr für dich, wenn du selbst stärkenorientiert geführt wirst und im Job täglich mit Begeisterung deine Talente einbringen und Höchstleistung abliefern kannst. Wenn das noch nicht so ist, könntest du das Thema vielleicht im nächsten Team-Meeting zur Diskussion stellen und vorschlagen, dass alle den VIA- oder StrengthsFinder-Test machen. Ihr werdet euch im Team sicher noch mal mit ganz anderen Augen sehen und schönen Gesprächsstoff haben.

Oder hast du selbst die Möglichkeit andere stärkenorientiert zu führen? Kennst du die Signatur-Talente deines Teams? Wenn du neue Leute einstellen möchtest, weißt du mit welchen Stärken sich dein Team optimal ergänzen ließe? Diese Fragen stellen sich für dich auch in der Zusammenarbeit in Projekten oder mit Freelancern. Und sobald du es dir als Selbstständige leisten kannst, rate ich dir dringend, jemanden für die Tätigkeiten einzustellen, die nicht deinen Signatur-Talenten entsprechen.

Konfuzius wird häufig zitiert mit: „Wähle einen Beruf, den du liebst, und du brauchst keinen Tag in deinem Leben mehr zu arbeiten." Ich würde sagen:

---

[45] Vgl. www.gallup.com/cliftonstrengths/de/253826/CliftonStrengths-für-Teams.aspx.

„Wähle einen Beruf, in dem du deine Signatur-Talente einsetzen kannst, und du willst gar nicht mehr aufhören zu arbeiten."

Dem Glücklichen schlägt keine Stunde

Sicher hast du schon diese Momente erlebt, in denen du alles um dich herum vergessen hast. In denen du in deine Tätigkeit so versunken warst, dass du sogar vergessen hast zu essen und zu trinken. Du hast nicht reagiert, als jemand mit dir gesprochen hat, weil du es einfach nicht mitbekommen hast.

Mihály Csíkszentmihályi, emeritierter Professor für Psychologie an der University of Chicago, hat über diesen Zustand des völligen Aufgehens in der aktuellen Tätigkeit viele Jahre lang geforscht und ihn „Flow" genannt. In seinen Interviews, insbesondere mit Künstlern, wurde häufig angegeben, dass der kreative Prozess wie ein automatisches Fließen empfunden wird, scheinbar mühelos und selbstverständlich.

Die Voraussetzung, um in diesen Flow-Zustand zu kommen ist, dass du weder überfordert bist, denn das führt zu Angst und Stress, noch dass du unterfordert bist, denn das führt zu Langeweile. Eine Aufgabe muss demnach als sehr herausfordernd und gleichzeitig als lösbar wahrgenommen werden, damit Flow entstehen kann.

Wer im Flow ist, baut Spannungen ab, erlebt tiefe Freude und Gelassenheit, fühlt sich leicht und ist glücklich. Die Erfahrung wird zum Selbstzweck. Das Gelingen der Handlung ist wichtiger als das Spekulieren auf äußere Belohnungen.

Das Flow-Erleben ist auch deshalb erstrebenswert, weil es uns persönlich wachsen lässt und uns dazu bringt, mit einem höheren Grad an Komplexität als zuvor klarzukommen. Denn immer, wenn wir eine große Herausforderung meistern, bauen wir Kompetenzen auf. Beim nächsten Mal kommt uns also die gleiche Tätigkeit schon weniger komplex vor und das übernächste Mal ist sie vielleicht sogar schon Routine. Dann gilt es, sich neuen Aufgaben zu stellen, um sich nicht zu langweilen.

Immer wenn du mit großer Leidenschaft einer Aufgabe nachgehst, verschaffst du dir positive Momente und steigerst deine Zufriedenheit. Und das ist besonders dann der Fall, wenn die Aufgaben deinen Stärken entsprechen, wenn also dein Talent, Wissen und Können gefordert sind. Wenn du bedenkst, wie viel Zeit in deinem Leben du mit Arbeit verbringst, solltest du dich auf nichts anderes einlassen als auf das, was dich positiv herausfordert und dir trotzdem leicht von der Hand geht.

· · · · · ● ● ● ● ● ● ● ● ● ● ● · · · ·

Stärke die Unternehmerin in dir!

Ich gehe selbstverständlich davon aus, dass du ein Unternehmen gründest oder gegründet hast, in dem du deine Stärken voll und ganz einbringen kannst. Du schaffst dir ein Umfeld, in dem du zu Höchstformen auflaufen kannst und ganz in deinem Element bist. Es wird daneben auch viele Aufgaben geben, die du so noch nie gemacht hast und von denen du jetzt noch keine Ahnung hast, wie du sie jemals bewältigen kannst. Doch du kannst – da bin ich mir sicher! Step by step, eins nach dem anderen.

Für mich war es, wie gesagt, eine Offenbarung, die beiden Stärken-Tests (VIA und StrengthsFinder) gemacht zu haben. Festzustellen, dass das, was ich total gerne mache, tatsächlich ein Talent ist und nicht etwas, was doch „jeder" kann, hat mich meinen Werdegang rückblickend noch mal mit neuen Augen sehen lassen.

Was ich dadurch auch noch gelernt habe ist, an welchen Stellen ich mir Unterstützung holen und was ich delegieren sollte, um optimale Ergebnisse zu erzielen. Ich weiß jetzt, nach welchen Talenten ich Ausschau halte, damit ich meine Zeit mit dem füllen kann, was mir liegt und was mir mein Einkommen sichert.

Stärke wird ja von Gallup als Summe von Talent, Können und Wissen definiert. Nur wenn ich, wie Tiger Woods, den Fokus darauflege, kontinuierlich die Dinge weiter zu üben, die mir liegen und mir zusätzliches Wissen anzueignen, kann ich es zu Exzellenz bringen. Defizite ausgleichen zu wollen, kostet wertvolle Zeit und das Ergebnis wird leider höchstens mittelmäßig ausfallen.

Ich wünsche dir von Herzen viele Flow-Erfahrungen in deinem Business, weil sie dich zufrieden machen, dir Energie geben und dein Unternehmen weiter nach vorne bringen. Was uns darüber hinaus Energie gibt oder raubt, darum soll es im nächsten Kapitel gehen.

Reflexionsfragen

- ❑ Bist du dir deiner Stärken bewusst?
- ❑ Was kannst du richtig gut?
- ❑ Was macht dir Spaß?
- ❑ Wann bist du ganz in deinem Element?
- ❑ Wofür wirst du gelobt? Wofür bekommst du Anerkennung?
- ❑ Stärkst du deine Stärken oder bügelst du eher deine Schwächen aus?
- ❑ Wie steht es um deine Kommunikationsfähigkeit, dein Einfühlungsvermögen, deine Disziplin oder dein Verantwortungsgefühl?

- ❏ Wann erlebst du Flow?
- ❏ Wann schlägt dein Herz höher?
- ❏ Was heißt es für dich ganz persönlich, im Flow zu sein?
- ❏ In welchen Momenten erlebst du besondere Freude?
- ❏ Erinnerungen an Flow-Erfahrungen: Wie kamen diese zustande?
- ❏ Welche Möglichkeit hast du derzeit, persönlich eine eigene Flow-Erfahrung zu machen?
- ❏ Welcher Herausforderung möchtest du dich stellen?

Setze deine Stärken bewusst ein: das Wichtigste in Kürze

- ❏ **Low-Performer? High-Performer!** Um Höchstleistung erbringen zu können, müssen die Aufgabe und das Umfeld zu unseren Talenten passen. Erst im Wasser kann der Pinguin sein wahres Talent zeigen, während er an Land keine gute Figur macht.
- ❏ **Deinen Stärken auf der Spur:** Über eine Selbstreflexion in vier Schritten bekommst du gute Anhaltspunkte zu deinen Stärken. Auch im Lob von anderen stecken Hinweise auf deine Talente. Konkreter wird es mit einem Stärken-Feedback, das du dir von Menschen wünschen kannst, die dich gut kennen. Der StrengthsFinder-Test gibt dir Aufschluss über deine fünf Talent-Leitmotive im Arbeitsumfeld, während der VIA-Test deine fünf Charakterstärken ermittelt. Wann immer es dir möglich ist: Lebe deine Stärken!
- ❏ **Lebe deine Stärken:** Um in einer Sache besser zu werden, kannst du dich gut an der Taktik von Spitzenkräften orientieren: Anstatt Schwächen ausbügeln zu wollen, fokussieren sie sich darauf, ihr Talent durch intensives Training, Wissen und Können weiter auszubauen. Lediglich auf den Gebieten Kommunikationsfähigkeit, Einfühlungsvermögen, Disziplin oder Verantwortungsgefühl muss fehlendes Talent ausgeglichen werden, um den sozialen Grundanforderungen gerecht zu werden. Teams, die stärkenorientiert geführt werden, erbringen höhere Leistungen, sind loyaler und fühlen sich emotional mehr an das Unternehmen gebunden.
- ❏ **Dem Glücklichen schlägt keine Stunde:** Flow-Erleben entsteht, wenn eine herausfordernde, aber lösbare Aufgabe auf ein Talent stößt. Fehlt die Herausforderung, entsteht Langeweile. Erscheint die Aufgabe als unlösbar, entstehen Angst oder Stress. Wenn alles stimmt, vergeht die Zeit wie im Fluge und eine große Zufriedenheit setzt ein.

Ergänzende Arbeitsmaterialien online unter:
www.susanneklein.coach/starke-unternehmerin

Haushalte gut mit

deiner Energie!

Nach meiner Beobachtung ist es tatsächlich keine Frage des Alters, wie viel Energie jemand hat. Ich kenne Achtzigjährige, die sprichwörtlich Bäume ausreißen könnten, und zwanzigjährige „Greise".

Auch in meinem eigenen Leben gab es Phasen, in denen ich deutlich weniger Energie hatte als heute. Ich kenne finanzielle Sorgen, kenne die Doppelbelastung als alleinerziehende Mutter, kenne Beziehungen, die mich runterziehen und kenne Jobs, die mich nicht erfüllt und wahnsinnig gestresst haben. Ich kann jeden gut verstehen, der sich in einem Abwärtsstrudel befindet und keinen Ausweg sieht. Dann scheint alles grau in grau – die Farbe fehlt. Ebenfalls aus eigener Erfahrung weiß ich, dass die Farbe tatsächlich zu jeder Zeit da war. Ich musste nur eine andere „Brille" aufsetzen, um sie wahrzunehmen.

Besonders gut tat mir während meiner Coaching Ausbildung der Austausch mit Gleichgesinnten. Sie sahen Facetten an mir, die ich selbst gar nicht wahrgenommen hatte – ein echter Energieschub und Booster für mein Selbstwertgefühl. Seit einiger Zeit profitiere ich auch von den positiven Auswirkungen auf mein Energielevel durch Sport, Meditation und besonders durch die ausgewogene Ernährung. Ich fühle mich um so viel besser als noch vor fünf Jahren! Und das motiviert mich total, weiter dran zu bleiben; da kann der innere Schweinehund argumentieren, wie er will!

Wie ist dein aktueller Ladezustand?

Im Urlaub genießen wir es, unsere freie Zeit fast ausschließlich mit Dingen zu verbringen, die uns viel Spaß machen und unsere Batterien wieder aufladen. Niemand will etwas von uns, keine Deadlines, die uns stressen und wir fühlen uns mit der Familie, den Freunden und/oder der Natur verbunden. Wir finden unseren Rhythmus, sind entspannt.

Dann kommen wir gut aufgeladen zurück in unseren Alltag. Fast unbemerkt, je nach Situation mehr oder weniger schnell, schwindet unsere Energie, und wenn wir nicht aufpassen, sind wir schon bald wieder urlaubsreif. Doch der nächste Urlaub ist noch nicht in Sicht. Der Energienachschub fehlt. Und wir sind so beschäftigt, dass wir uns oft nicht die Zeit nehmen, wieder bewusst aufzutanken. Uns geht es dann ein wenig so, wie einem Waldarbeiter, der mit seiner stumpfen Säge mühsam Bäume fällt, weil er keine Zeit hat sein Werkzeug zu schärfen.

Wenn wir erschöpft sind und schon auf „Reserve" laufen, erscheinen uns Herausforderungen größer, als wenn wir sie erholt und ausgeglichen angehen. Wir entwickeln eine Art Tunnelblick und nehmen nur noch das Problem wahr. Das ist dann so anstrengend, als wollten wir mit aller Gewalt direkt durch die Wand, obwohl zwei Meter neben uns eine Tür ist, durch die wir bequem gehen könnten. Doch um diese Tür wahrzunehmen, ist ein wenig Ruhe und Abstand notwendig.

Auch mangelnde Zuversicht, den Anforderungen gewachsen zu sein, wirkt wie ein Vergrößerungsglas. Je geringer dein Selbstvertrauen ist, umso größer erscheint dir subjektiv die vor dir liegende Herausforderung.

Stell dir einmal vor, du bereitest dich auf zwei sehr wichtige Klausuren vor. Um eine eins zu schreiben sind jeweils 100 Punkte notwendig. Geht es dabei um dein Lieblingsfach, bist du dir sehr sicher, dass du ohne Weiteres mindestens 90 Punkte erreichen kannst. In dem anderen Fach dagegen traust du dir selbst nur maximal 20 von 100 Punkten zu.

In beiden Fällen ist das Ziel, 100 Punkte zu erreichen. Um auf eine eins zu kommen, hast du bei großem Selbstvertrauen mental nur eine Lücke von 10 Punkten zu schließen. Bei geringem Selbstvertrauen ist die Lücke jedoch 80 Punkte groß.

Das Maß unseres Selbstvertrauens bestimmt also mit, wie wir eine vor uns liegende Herausforderung beurteilen. Die Hürde, die es zu nehmen gilt, wirkt fast endlos hoch, wenn ich mir selbst wenig zutraue. Und sie „schrumpft" umgekehrt, wenn ich mit einem größeren Selbstvertrauen ausgestattet bin.

Sicherlich gehören auch noch Talent, Können und Wissen dazu, um eine exzellente Leistung zu erbringen. Mir geht es in diesem Beispiel darum zu zeigen, dass der Stresspegel umso niedriger ist, je mehr Selbstvertrauen wir für eine Aufgabe mitbringen.

Schöpfe neue Kraft

Je besser wir uns fühlen, desto mehr Energie haben wir. Wenn du gestresst bist und den Wald vor lauter Bäumen nicht siehst, ist es gut zu wissen, woraus du Kraft schöpfen kannst. Das ist allerdings für jeden unterschiedlich. Der eine entspannt bei einem guten Buch oder schöner Musik, bei einem Kaffee oder einem Glas Wein, an der See oder in den Bergen, beim Sport oder in der Wanne. Andere ziehen Energie aus ihren bedeutsamen Beziehungen mit dem Partner, der Familie, den Freunden oder Kolleginnen und Kollegen.

Bei deinen Überlegungen nach einem „Energizer" ist es hilfreich etwas zu finden, das du dir selbst erfüllen kannst. Unabhängig von der Unterstützung von außen auftanken zu können, gibt dir ein Gefühl von Selbstbestimmtheit, was wiederum dein Selbstvertrauen stärkt.

Lass dich nicht aussaugen

Auf der anderen Seite – schütze dich vor den „Energievampiren", die überall in unserem Alltag lauern. Das können Kolleginnen und Kollegen sein, die dir den letzten Nerv rauben. Aber auch bestimmte Freunde, Bekannte oder Familienmitglieder haben das Potenzial, dich völlig ausgelaugt zurück zu lassen.

Wenn du das Gefühl hast, dass

- ❑ deine Grenzen wiederholt missachtet werden,
- ❑ du dich häufig genötigt fühlst dich zu rechtfertigen,
- ❑ sich Konflikte häufen und dir daran die Schuld gegeben wird, oder
- ❑ dir ein schlechtes Gewissen eingeredet wird,

dann sind das klare Anzeichen von Energieraub. Es kann sogar passieren, dass die Person gar nicht in deiner Nähe ist und deine Gedanken trotzdem ständig um sie kreisen. Schon das zieht dir deine kostbare Lebensenergie ab.

Ob Narzisst, Schnorrer, Dauergestresster, Opfer oder Perfektionist – die Dosis macht das Gift. Jeder Mensch hat seine total liebenswerten Seiten und häufig liegen keine bösen Absichten hinter dem für uns nervigen Verhalten. Im Umgang mit diesem Verhalten, hat aber auch jeder seine individuellen Toleranzgrenzen und unsere Tagesform kann darüber entscheiden, ob wir mit solchen Energieräubern besser oder schlechter zurechtkommen.

Vielleicht kennst du das: Du erzählst von deiner tollen Idee/deinem Projekt und der andere

- ❑ macht dir die Idee madig,
- ❑ will Recht haben,
- ❑ weiß etwas (alles) besser,
- ❑ stellt sich über dich (die Gruppe),
- ❑ vermittelt das Gefühl: ohne ihn geht es nicht,
- ❑ ist gegen Vorschläge von dir/anderen,

- ❏ ist gegen den Status quo,
- ❏ ist dominant.

Dem entgegenzutreten fällt oft schwer. Nur einfach „Hör auf damit!" zu sagen funktioniert leider nicht. Denn der Energievampir hat Erfahrungen und Erfolgserlebnisse mit seiner Art zu denken und zu kommunizieren. Da sind andere Strategien gefordert.

Wenn es zu viel wird

Fühlst du dich permanent schlecht in der Gegenwart eines Menschen ist es definitiv Zeit die Notbremse zu ziehen. Zu einer guten Beziehung gehören immer zwei. Mach dir bewusst, welche Anstrengungen du bisher schon unternommen hast und dass sie bisher noch nicht zu einer harmonischen Beziehung geführt haben. Dann ist es in Ordnung, deutliche Grenzen zu setzen und auch keine Ausnahmen mehr zu dulden, wenn der andere wieder versucht, sie zu überschreiten. Kündige allerdings nur solche Konsequenzen an, die du auch einhalten kannst und willst.

Es ist nicht in Ordnung, wenn du ständig dazu genötigt wirst, dich zu verteidigen und zu rechtfertigen. Lass dich nicht verunsichern und versuche, dich emotional zu distanzieren. Wo Geben und Nehmen permanent im Missverhältnis stehen, lass dir kein schlechtes Gewissen einreden, wenn du deine Hilfe oder Zuwendung mal verweigerst.

Energievampire sind in der Lage, dein Selbstvertrauen nachhaltig zu untergraben. Je länger und intensiver du mit dem Energieräuber zu tun hast, desto schwieriger wird es für dich, deine Grenzen zu wahren. In letzter Konsequenz kann eine radikale Trennung notwendig werden, um dich zu schützen und deinen Selbstwert zurückzuerlangen. Selbstliebe und Selbstfürsorge sind hier die Zauberworte. Es geht darum, einen gesunden Egoismus zu entwickeln.

Wenn es keine Chance gibt, dem Energievampir dauerhaft auszuweichen, reduziere die Zeit mit ihm auf ein Minimum. Schaffe einen guten Ausgleich mit Menschen, die dich unterstützen und aufheitern können. Achte dann allerdings darauf, dass nicht du selbst wiederum diesen Menschen auf die Nerven gehst, weil es nur noch ein Thema gibt – nämlich den Energievampir.

Der Stress und seine Facetten

Unser Körper ist ein wahrer Überlebenskünstler. Viele unserer Reaktionen werden ganz automatisch und unbewusst gesteuert, unter anderem durch unsere Hormone. Sie helfen uns auch bei Stress.

Wir sind heute einer Vielzahl von Stressoren ausgesetzt:

- ❑ physikalisch (Kälte, Hitze, Lärm, starke Sonneneinstrahlung ...),
- ❑ toxisch (Umweltgifte, Nikotin oder Alkohol),
- ❑ psychosozial (Zeitmangel, Lärm, Schlafentzug, Reizüberflutung, Krankheiten, eigene Schmerzen und die von Angehörigen, zu viele Aktivitäten, seelische Probleme, unterschwellige Konflikte),
- ❑ schwerwiegende Ereignisse (Wohnungseinbruch, Operation, Prüfung, Tod eines geliebten Menschen),
- ❑ Unterforderung, Langeweile und Lethargie, etc.

Wenn wir in Stress geraten, weil wir zum Beispiel befürchten eine Deadline nicht halten zu können oder wenn wir eine wichtige Präsentation vor uns haben, dann ist das nicht wirklich lebensbedrohlich. Und trotzdem fährt unser Körper dasselbe uralte Überlebensprogramm hoch, als ob wir uns darauf vorbereiten müssten, einem Säbelzahntiger zu entkommen.

Der Stresskreislauf

Ein äußerer Reiz – Deadline, Präsentation oder eben Säbelzahntiger – führt dazu, dass unser Körper unter anderem jede Menge Adrenalin ausschüttet. Unsere Wahrnehmung verengt sich massiv und fokussiert sich fast ausschließlich auf den Stressor. Wir fühlen uns der Situation ausgeliefert und befürchten Kontrollverlust. Das Adrenalin bringt uns richtig in Wallung. Unser Atem geht schneller, unsere Muskeln werden stark durchblutet, Blutzucker und Blutdruck steigen und alle Funktionen, die wir in der bedrohlichen Situation nicht zum Überleben brauchen, werden heruntergefahren.

Der Teil des Gehirns, den wir für komplexe Denkvorgänge benötigen, wird bei Stress ausgeschaltet. Heilungsprozesse und die Verdauung werden unterbrochen. Unser Immunsystem verlässt seinen Wachposten und an Sex denken wir in der Situation ganz sicher auch nicht. Alles in uns bereitet sich optimal darauf vor, der gefährlichen Situation zu entkommen. Beim Säbelzahntiger haben sich unsere Vorfahren instinktiv und blitzschnell entschieden: Flucht oder Kampf. Sie sind um ihr Leben gerannt oder haben ums Überleben gekämpft. Jedenfalls haben sie mit intensiver körperlicher Aktivität reagiert. Damit wurden die Stresshormone wieder abgebaut und nachdem die Gefahr gebannt war, normalisierte sich der Hormonspiegel wieder.

Den Folgen von Dauerstress entgegenwirken

Eine Situation, die für den einen den Untergang bedeuten kann, lässt den anderen kalt. Und bei der nächsten Gelegenheit kann das genau umgekehrt sein. Auch die Bewältigung von Stress ist höchst individuell.

Grundsätzlich trägt eine insgesamt positive Grundeinstellung dazu bei, dass du gelassener mit den Widrigkeiten des Lebens umgehen kannst. Wenn du überzeugt bist, deinen Stressoren gewachsen zu sein, bist du eher in der Lage, kreative Lösungen zu finden und du hast die Chance an den Herausforderungen zu wachsen. Hast du aber das Gefühl, nicht über ausreichend eigene Ressourcen zur Bewältigung der vor dir liegenden Anforderungen zu verfügen, gerätst du in Stress und der beschriebene Stresskreislauf startet. Dein Fokus verengt sich, dein Denkhirn verabschiedet sich, Blutzucker und Blutdruck steigen, dein Atem geht schneller, du fängst an zu schwitzen, wirst unruhig und du hast, je nach Situation, den Reflex, einfach flüchten zu wollen, oder den Drang, deiner Wut bzw. Aggression freien Lauf zu lassen.

Diese natürliche körperliche Reaktion von Flucht oder Kampf ist heute oft keine realistische Option mehr, auch wenn wir diese Gedanken vielleicht manchmal hegen. Das war zu Zeiten des Säbelzahntigers eben noch anders. Rennen und Kämpfen hat uns körperlich wieder neutralisiert und in den Normalzustand gebracht.

Dass wir uns in einer stressigen Situation nicht körperlich abreagieren können, ist solange kein Problem, wie es uns immer wieder gelingt, regelmäßig zum Normalzustand zurückzukommen und ausreichend stressfreie Phasen zu erleben: Zeiten, in denen wir die Gelegenheit haben, uns zu entspannen und Ausgleich zu schaffen.

Tatsächlich ist es aber heute so, dass wir immer häufiger in gefühlte Stresssituationen geraten, die dann auch noch länger anhalten als früher. So eine Deadline kann uns über Wochen und Monate in Atem halten. Mobbingopfer fühlen sich im Dauerstress. Finanzielle Sorgen oder Konflikte in der Partnerschaft oder mit den Kindern lassen sich nicht einfach abschalten.

Kein Organismus ist darauf ausgerichtet, sich fortwährend im Flucht- oder Kampfmodus zu halten. Eine permanente Überlastung hat das Potenzial uns ernsthaft krank zu machen. Das Herz pumpt dauernd mit Hochdruck, um uns für unser Überleben kampfbereit zu halten. Neben Herzproblemen kann dadurch Bluthochdruck entstehen. Um die Zellen schnell mit Energie zu versorgen steigt der Blutzuckerspiegel, was bei Dauerstress zu Diabetes führen kann.

Auf der anderen Seite führt die unterdrückte Verdauung bei ständigem Stress zu Krankheiten im Magen-Darm-Trakt und ein unterdrücktes Immunsystem öffnet Tür und Tor für Infekte aller Art.

Stress-Reaktionen auf 4 Ebenen:

1. **auf kognitiver Ebene** (Denk- und Wahrnehmungsprozesse) Wahrnehmung ist eingeschränkt auf die Reize, die stressauslösend sind. Black-Out, Denkblockaden, Gedächtnisstörungen,

Konzentrationsstörungen, Scheuklappeneffekte.

2. **auf muskulärer Ebene** (Skelettmuskulatur)
Durch Anspannungssituationen entstehen leicht Verspannungen im Nacken, Rücken, Spannungskopfschmerzen, Zähneknirschen, Zuckungen, Fuß-/Beinwippen.

3. **auf vegetativ-hormoneller Ebene** (Reaktionen, die nicht willkürlich kontrollierbar sind)
Flaues Gefühl in der Magengegend bis hin zur Übelkeit, weiche Knie, Kloß im Hals, Magen-Darm-Schwierigkeiten, Herzklopfen und -rhythmusstörungen, Schwitzen, Schwindel, Infektanfälligkeit.

4. **auf emotionaler Ebene**
Stress kann sich äußern in Angst, Unsicherheit, depressiven Verstimmungen, Wut, Hilflosigkeit, Depression bis hin zu Apathie.

Um die Stressreaktionen unseres Körpers wieder zu neutralisieren, ist es wichtig einen Ausgleich zu schaffen: regelmäßige Bewegung, heitere Gespräche mit Freunden, Meditation oder Hobbys, die dich auf andere Gedanken bringen.

Neben zu viel Stress im Job, der zu Burn-Out führen kann, können auch Unterforderung und Langeweile im Job stressen und sind nicht gesund. Den Betroffenen fehlen – im sogenannten Bore-Out – der Sinn, klare Ziele, Anerkennung und sie können ihr Wissen nicht einbringen. In der Folge fühlen sie sich ausgelaugt, unzufrieden und frustriert.

Wenn du vor der Entscheidung stehen solltest, ob du einen eher entspannten Job oder einen für dich bedeutungsvollen, aber stressigen Job wählen solltest, rät Kelly McGonigal, eine Stressforscherin aus den USA, ganz klar zum stressigen und sinnvollen Job. Auch wenn Dauerstress nachweislich zu den vielen genannten Krankheiten führen kann, so gilt das scheinbar nicht für jeden.

Mach dir deinen Stress zum Freund

In ihrem TED Talk[46] zeigt McGonigal auf, dass der Glaube, dass uns Stress schädigt noch schädlicher ist, als der Dauerstress selbst. – Wie bitte?

In einer Studie wurden 30.000 Erwachsene über acht Jahre hinweg begleitet. Sie wurden gefragt: „Wie viel Stress hattest du im vergangenen Jahr?" und „Glaubst du, dass Stress gesundheitsschädlich ist?" Teilnehmende, die sehr viel Stress erlebten, hatten ein um 43 Prozent erhöhtes Risiko innerhalb des Studienzeitraums zu versterben.

---

[46]   Vgl. McGonigal: www.ted.com/talks/kelly_mcgonigal_how_to_make_stress_your_friend.

Das galt interessanterweise lediglich für die Teilnehmergruppe, die der Überzeugung war, dass Stress ihnen gesundheitlich schadet. Kein erhöhtes Risiko innerhalb der acht Jahre zu sterben, hatten hingegen diejenigen, die davon ausgingen, dass Stress ihnen nichts anhaben kann – ganz im Gegenteil. Sie hatten sogar ein niedrigeres Sterberisiko als die Teilnehmer der Studie, die gesagt hatten, sie hätten nur wenig Stress. Das Ergebnis hat die Forscher extrem überrascht, da es ja bis heute immer noch gängige Meinung ist: Stress schadet uns generell.

McGonigal wollte daraufhin in einer Folge-Studie herausfinden, ob die Art und Weise, wie wir über Stress denken, Einfluss auf unsere Gesundheit und auf unseren Körper hat. Ein Teil der Studienteilnehmenden wurde vor einem Stresstest geschult, dass die spürbaren Stressreaktionen den Körper bestens auf die vor ihnen liegenden Herausforderungen vorbereiten. Denn interpretierst du die wahrgenommenen Emotionen beispielsweise als Angst und Kontrollverlust, verengen sich deine Adern, der Blutdruck steigt. Bei Dauerstress und dauerhaft verengten Adern erhöht sich dein Risiko von Herz-Kreislauf-Erkrankungen massiv. Die Forscher konnten nun nachweisen, dass sich eine Umdeutung der Symptome faktisch auch körperlich positiv auswirkt: Interpretierst du nämlich den schnellen Herzschlag als Vorbereitung auf Leistung und freust dich darüber, dass bei schnellerem Atem mehr Sauerstoff ins Gehirn gelangt, dann bleiben deine Adern so entspannt und geweitet wie bei Freude und Mut.

Wir müssen also nicht unseren Stress eliminieren, sondern wir können unseren Umgang mit Stress positiv verändern. Dabei hilft der Glaubenssatz: „Das ist mein Körper, der mir hilft, an dieser Herausforderung zu wachsen." Wenn du davon überzeugt bist, wird dein Körper dir das glauben. Und deine Stressreaktionen werden gesünder.

Stress macht uns sozial

Unser Körper schüttet neben Adrenalin noch ein weiteres Stresshormon aus: Oxytocin. Es wird auch als „Kuschelhormon" bezeichnet, weil es beispielsweise ausgeschüttet wird, wenn du jemanden umarmst. Und es kann noch viel mehr. Als sogenanntes Neurohormon beeinflusst es im Gehirn deine sozialen Instinkte. Es bereitet dich darauf vor, enge Beziehungen einzugehen, macht dich empathisch und hilfsbereit.

Wird es im Stress ausgeschüttet, veranlasst es dich, aktiv nach Hilfe zu suchen. Nehmen wir Stress bei anderen wahr, bringt es uns dazu, anderen Hilfe und Unterstützung anzubieten. Diese Stressreaktion sorgt dafür, dass wir uns mit Menschen umgeben, denen wir etwas bedeuten.

Doch was hindert uns manchmal daran, bei Stress oder drohendem Misserfolg auf andere zuzugehen? Je nachdem, wie wir Stress bewerten, welchen

Persönlichkeitstyp wir entwickelt haben und mit welchem Mindset wir unterwegs sind, fällt es uns mehr oder weniger leicht, auf andere zuzugehen.

Während der extrovertierte Optimist mit einem Growth Mindset es liebt, sich mit anderen auszutauschen und im Team nach Lösungen zu suchen, fällt es dem anderen Extrem – dem introvertierten Pessimisten mit einem Fixed Mindset – sehr schwer, auf andere zuzugehen.

Wir können von beiden Extremen Anteile in uns haben, je nachdem in welcher Situation wir in Stress geraten. Ist etwas ganz neu für uns, fällt es uns leichter um Hilfe zu bitten. Geraten wir als Profi in Stress, fällt es uns schwerer, weil wir unser Gesicht nicht verlieren wollen oder aus Rücksicht auf die Arbeitslast der anderen. Wir sind meist lieber in der Situation Hilfe anzubieten als hilfsbedürftig zu sein.

Oxytocin hat neben den Effekten auf unser Gehirn auch positiven Einfluss auf unseren Körper. Es schützt das Herz-Kreislauf-System vor den Auswirkungen von Stress. Es wirkt entzündungshemmend und hilft dem Körper sich zu entspannen und zu regenerieren. Und wenn wir uns unter Stress Hilfe suchen, schüttet das Gehirn mehr von diesem Hormon aus. Es hilft uns resilienter zu sein.

In dem TED Talk zitiert McGonigal noch eine weitere Studie. Etwa 1.000 Erwachsene in den USA im Alter zwischen 34 und 93 wurden hierbei gefragt: 1. wieviel Stress sie im vergangen Jahr hatten und 2. wieviel Zeit sie damit verbrachten anderen zu helfen – Freunden, Nachbarn oder in der Gemeinde.

Im Ergebnis zeigte sich, dass jeder massive Stressor, wie finanzielle Schwierigkeiten oder Familienkrisen, das Risiko innerhalb der nächsten fünf Jahre zu sterben um 30 Prozent erhöhte. Das stimmte allerdings wieder nicht für alle Studienteilnehmer! Diejenigen, die angaben, viel Zeit damit zu verbringen anderen zu helfen, hatten keinerlei erhöhtes Risiko aufgrund von Stress frühzeitig zu sterben. Ihre Resilienz war höher.

Wie du über Stress denkst und wie du unter Stress handelst, hat offenbar entscheidenden Einfluss darauf, ob dir Stress gesundheitlich schadet. Empfindest du die Stressreaktionen als hilfreich, entwickelst du den körperlichen Zustand von Mut. Und wenn du unter Stress auf andere zugehst, erhöht das zusätzlich deine Widerstandskraft.

In der Verbindung mit anderen findet ein mitfühlendes Herz Freude und Sinn. Und dein pulsierendes Herz arbeitet hart, um dir Kraft und Energie zu liefern. Wenn du deine Stressreaktionen so sehen kannst, wirst du nicht nur unter Stress besser, sondern du steigerst auch dein Vertrauen darauf, die Herausforderungen deines Lebens zu meistern, und du weißt, dass du mit deinem Stress nicht alleine fertig werden musst.

Für ein gutes, zufriedenes und gesundes Leben ist es wichtig, einen guten Umgang mit dem allgegenwärtigen Stress zu finden. Oft haben wir keinen Einfluss auf die Stressoren, denen wir ausgesetzt sind. Wir haben es aber sehr wohl in der Hand, wie wir für uns selbst sorgen, um besser darauf reagieren zu können.

Die fünf Säulen deiner Energietankstelle

Trotz steigenden Wohlstands, ausgezeichneter medizinischer Versorgung und großer Freiheit prognostiziert die Weltgesundheitsorganisation (WHO) in den westlichen Industrieländern eine steigende Anzahl an Angsterkrankungen und Depressionen. Die psychischen Belastungen wirken sich auch auf unser körperliches Wohlbefinden negativ aus.

Lange Zeit wurde dieser Zusammenhang in der westlichen Medizin nicht (mehr) gesehen. Einen Grund dafür können wir in der Philosophie des Dualismus von René Descartes vermuten. Er vertrat im 17. Jahrhundert die These, dass es eine Trennung zwischen dem immateriellen Geist und dem Körper gibt: dass also das eine unabhängig vom anderen existiert und dementsprechend separat behandelt werden kann bzw. muss.

Erst Jahrhunderte später geht der 1944 geborene Neurowissenschaftler António Damásio in seiner Abhandlung „Descartes Irrtum" davon aus, dass es eine ständige Wechselwirkung zwischen Körper und Bewusstsein gibt, die sich gegenseitig beeinflussen. Durch zahlreiche empirische Belege kommt Damásio zu dem Schluss, dass es einen unauflösbaren Zusammenhang zwischen Körper und Geist gibt, der in der östlichen Medizin seit Jahrtausenden so gesehen wird.

Wenn wir von Wohlbefinden sprechen, vom Wunsch, dass es uns gut geht, dann meinen wir sowohl die körperliche als auch die mentale und seelische Gesundheit. Schon vor 5.000 Jahren hat sich eine Wissenschaft des Lebens entwickelt – die Ayurveda. Sie beschreibt, wie wir uns ganzheitlich gesund halten können. Mit den Zielen:

- ❑ langfristiges Wohlbefinden,
- ❑ Zufriedenheit und
- ❑ gesundes Altern.

Was inzwischen auch wissenschaftlich nachgewiesen wurde, sind die zwei Leitsätze der Ayurveda:

1. Körper und Geist sind untrennbar miteinander verbunden und
2. Emotionen wirken sich auf den Körper aus und umgekehrt: Der Zustand unseres Körpers wirkt sich auch auf unsere Emotionen, unser Gefühl, und unser Wohlbefinden aus.

Gesundheit ist also viel mehr als die bloße Abwesenheit von Krankheit. Krankheit ist im Ayurveda definiert als körperliches Signal eines Ungleichgewichts: zu viel Gift in unserem Körper, das wir uns über die Ernährung und die Umwelt zuführen, zu viel „Gift" in unserem Geist durch Stress und Negativität und zu viel „Gift" in unserer Seele zum Beispiel durch zunehmende Verunsicherung.

Im Westen beschäftigen wir uns zunehmend mit Erkenntnissen aus der östlichen Kultur. Meditation und Yoga sind „salonfähig" geworden. Über gesunde Ernährung wurde viel gesagt und geschrieben. Und dass wir nach einem erholsamen Schlaf und in Gesellschaft uns zugewandter Menschen mehr Energie haben, wissen wir aus Erfahrung. Vieles ist uns intuitiv klar. Manches Wissen schlummert schon in unserem Unterbewusstsein. Doch vielleicht findest du im Folgenden auch noch einiges Neues. Am Ende geht es wie immer darum, dieses Wissen regelmäßig für mehr Wohlbefinden und zur Steigerung des Energielevels auch tatsächlich umzusetzen.

Die fünf „Tank-Säulen" für mehr Energie, Wohlbefinden und gesundes Altern sind:

1. Schlaf,
2. Meditation,
3. Bewegung,
4. Emotionen,
5. Ernährung.

Schlaf – Reparaturservice inklusive

Auch wenn ich wirklich einen „gesegneten" Schlaf habe und deshalb dachte, dass ich mich um diese Tank-Säule gar nicht kümmern müsste, fand ich hier doch noch viel Optimierungspotenzial für mich. Ich bin eher ein Abendmensch – also eine Eule – und deshalb viele Jahre häufig erst sehr spät ins Bett gegangen. Diese letzten Stunden des Tages waren so „meine" Zeit. Alle Pflichten waren erledigt und ich konnte mich um mich kümmern und noch tun, wofür ich tagsüber keine Gelegenheit hatte. Leider durfte ich dann meist am nächsten Morgen nicht ausschlafen. Meine Tochter musste rechtzeitig zur Schule und ich ins Büro. Ein ständiger Schlafmangel war die Folge, den ich dann am Wochenende versuchte auszugleichen.

In meinem schon erwähnten Lieblings-Podcast "Deliciously Ella" wurde im Juni 2019 auch der Schlafforscher Matthew Walker interviewt.[47] Das fand ich so interessant, dass ich dir hier das Wichtigste zusammengefasst habe.

---

47 Vgl. www.deliciouslyella.com/podcast/why-we-sleep-with-matthew-walker/.

Walker sagt, dass zwei Drittel der Erwachsenen in den Industrieländern nicht auf ihre empfohlenen acht Stunden Schlaf kämen. Unsere durchschnittliche Schlafdauer ist in den letzten 100 Jahren dramatisch gesunken. Noch 1940 schlief ein Erwachsener im Schnitt etwa 7 Stunden und 54 Minuten pro Nacht. Heute schlafen die Menschen in Großbritannien nur noch 6 Stunden 49 Minuten, in den Vereinigten Staaten 6 Stunden 32 Minuten, und der durchschnittliche Japaner lediglich 6 Stunden 22 Minuten. Das sind rund 15–20 Prozent zu wenig Schlaf pro Nacht.

Die empfohlene Schlafdauer liegt zwischen sieben und neun Stunden und variiert von Mensch zu Mensch. Es gibt sogar Menschen, die bis zu 12 Stunden Schlaf brauchen. Wieviel Schlaf ist gut für dich? Reicht deine regelmäßige Schlafdauer oder bekommst du zu wenig? Um diese Fragen für dich zu beantworten, überlege einmal, wie es wäre, wenn dich dein Wecker morgens nicht wecken würde. Würdest du dann trotzdem wach werden oder würdest du länger schlafen?

Neben der absoluten Schlafdauer ist ein regelmäßiges Schlafmuster mit gleichen Einschlaf- und Aufstehzeiten im Alltag und am Wochenende die wichtigste Empfehlung des Schlafforschers für eine massiv spürbare Unterstützung unserer Gesundheit. Unser Körper gedeiht mit dieser Regelmäßigkeit am besten. Eine Regel, die ich, wie gesagt, lange Zeit nicht beherzigt habe.

Auswirkungen von Schlafmangel

All unsere Zivilisationskrankheiten werden unter anderem mit Schlafmangel in Zusammenhang gebracht. Es gibt keinen körperlichen und mentalen Prozess, der nicht von gutem Schlaf profitiert. Eine einzige Nacht mit nur vier Stunden Schlaf führt zu einem Rückgang unserer natürlichen Killerzellen um bis zu 70 Prozent. Diese Killerzellen sind unter anderem verantwortlich dafür, unsere täglich entstehenden Krebszellen zu eliminieren.

Auch unsere geistige Gesundheit wird immens von gutem Schlaf beeinflusst. Untersuchungen in den letzten 20 Jahren haben gezeigt, dass bei allen psychisch Kranken der Schlaf gestört war. Auch Alzheimer wird mit schlechtem Schlaf in Zusammenhang gebracht. Unser Gehirn fährt in der Tiefschlafphase eine Art Reinigungsprogramm und beseitigt alle Stoffwechsel-Abfall-Produkte, die über den Tag aufgebaut werden. So auch ein Protein, das für Alzheimer verantwortlich gemacht wird.

Jede Schlafphase hat ihre förderlichen Funktionen. Der REM-Schlaf (REM = Rapid Eye Movement) mit den Traumphasen ist eine Art mentale Erste Hilfe und zugleich emotionale Therapie. Schlechter Schlaf führt dazu, dass du dich schlechter fühlst. Und je schlechter du dich fühlst, desto schlechter wird dein Schlaf … Ein Teufelskreis entsteht.

Das Fatale daran ist: Die subjektive Einschätzung unserer Leistungsfähigkeit bei Schlafmangel ist – laut Walker – so ähnlich wie die eines angetrunkenen Autofahrers: subjektiv überzeugt, die volle Leistung erbringen zu können, objektiv aber nachweislich völlig neben der Spur.

Was stört unseren Schlaf?

Studien haben gezeigt, dass du nur halb so viel von dem Schlafhormon Melatonin produzierst, wenn du vor dem zu Bett gehen eine Stunde am Bildschirm liest, im Vergleich zum Lesen eines Buchs. Zusätzlich verschiebt sich der Höchstwert des Melatoninspiegels im Körper um bis zu 3 Stunden nach hinten.

Ein zweites Problem mit der Technik im Schlafzimmer ist die „Schlaf-Prokrastination", die Aufschieberitis: Nur noch mal kurz schauen, was auf Facebook, Twitter oder Instagram los ist. Oder doch noch schnell eine Folge deiner Lieblingsserie ansehen. Mit dem Handy neben dem Bett kann außerdem dein Schlaf zerstückelt werden, wenn du z. B. mitten in der Nacht noch mal auf dein Handy schaust. Diese Gewohnheit zu durchbrechen, sei wohl sehr schwierig, so Walker, weil wir Angst haben etwas zu verpassen („Fear of missing out" = FOMO). In dem Zusammenhang rät er auch dazu, das Telefon morgens so spät wie möglich das erste Mal zu nutzen, z. B. erst nach dem Frühstück. Die Flut der Nachrichten am frühen Morgen triggert unsere Angst und andere negative Emotionen.

Schlaftracker – kleine Apps, die deinen Schlaf mit dem Handy oder einer Fitnessuhr aufzeichnen – sind dann ok, wenn sie dich nicht zusätzlich stressen. Die Apps weisen bei der Unterteilung von Tiefschlaf-, Leichtschlaf- und REM-Schlaf-Phasen allerdings wohl nur eine maximal 60–70prozentige Genauigkeit im Vergleich zu Schlaflaboren auf. Mir haben sie allerdings tatsächlich dabei geholfen, meinen Schlaf regelmäßiger zu machen und zu priorisieren.

Wenn wir permanent unter Angstzuständen und Stress leiden, ist ein Teil unseres Nervensystems ständig im Flucht- oder Kampfmodus. Um einschlafen zu können, muss diese Dauerreaktion unterbrochen werden, sonst werden Hormone wie Cortisol und Noradrenalin aktiviert, die uns wach und alarmbereit halten.

Kaffee und Alkohol sind die am häufigsten missverstandenen Drogen, wenn es um ihre Wirkung auf unseren Schlaf geht. Koffein hat eine Halbwertzeit von 6 Stunden und eine Viertelwertzeit von 12 Stunden. D. h. eine Tasse Kaffee zum Mittagessen um 12 Uhr, wirkt sich noch um Mitternacht auf unser Gehirn aus, als würden wir eine Viertel Tasse Kaffee um Mitternacht vor dem Schlafengehen trinken. Deshalb der Tipp, 12–14 Stunden vor der geplanten Schlafenszeit keinen Kaffee mehr zu trinken.

Alkohol wird häufig als Einschlafhilfe missbraucht. Dabei sedieren, also betäuben wir uns damit lediglich, tragen aber nicht zu dem gewünschten erholsamen Schlaf bei. Außerdem zerstückeln wir unseren Schlaf, da wir viel häufiger wach werden. Wir fühlen uns nicht regeneriert und erfrischt. Und Alkohol unterbindet unseren REM-Schlaf, der essentiell für unsere emotionale Balance ist – sozusagen unsere „Erste Hilfe" bei emotionalen Problemen.

Was fördert guten Schlaf?

Um mit negativen Emotionen umzugehen ist es hilfreich, sich hinzusetzen und die Angst oder den Stress zu identifizieren: Ist es beispielsweise eher die Arbeit oder eine Beziehung, Familie oder die Finanzen? Und dann ist es besser, diese Stressoren gezielt anzugehen, als eine Schlaftablette zu nehmen.

Auch regelmäßige Meditation hilft, die Nerven und den ganzen Körper zu beruhigen und so einen guten Schlaf zu fördern. All die Gedanken über Dinge, die dich ängstigen oder die du noch erledigen musst, sind der geborene Feind deines Schlafs. Mit Meditation kannst du deinen Geist nicht nur beruhigen, sondern auch bewusst deinen Fokus wählen oder verschieben. Es gibt zahlreiche Apps wie den Insight Timer, Calm oder Headspace, die dich in deiner Meditationspraxis und damit beim Erreichen eines besseren, ruhigeren Schlafs unterstützen können. Darauf gehe ich im folgenden Abschnitt dann noch mal näher ein.

Es hilft auch, wenn du dich abends mit einem Stift und einem Blatt Papier hinsetzt und alle Gedanken, die dir Angst machen, aufschreibst. Sie sind dann raus aus deinem System und du hast die Chance, schneller einzuschlafen. Studien konnten belegen, dass du mit dieser Übung um bis zu 50 Prozent schneller einschläfst.

Um gut ein- und durchschlafen zu können, müssen wir unsere Körpertemperatur um 1 Grad Celsius absenken. Daher ist es immer leichter, in einem kühlen Raum zu schlafen als in einem zu warmen.

Sportliche Aktivitäten unterstützen einen guten Schlaf. Und umgekehrt hilft guter Schlaf dich für Sport zu motivieren. Du erleidest damit sogar weniger Verletzungen und erzielst bessere Ergebnisse. Guter Schlaf wirkt wie Doping, so Walker. Den Lerchen unter uns rät er, besser morgens, etwa zwei Stunden nach dem Aufwachen zu trainieren. Denn dann sei die Körpertemperatur wieder ausreichend angestiegen. Die höchste Temperatur hat man etwa 3-4 Stunden nach dem Aufstehen. Eulen trainieren besser abends.

Wir sollten rund drei Stunden vor dem zu Bett gehen die letzte Mahlzeit zu uns genommen haben. Neuere wissenschaftliche Erkenntnisse legen nahe, dass ein frühes Abendessen unseren Schlaf positiv beeinflusst. Du solltest dabei weder hungrig noch übersättigt ins Bett gehen. Ein kleiner Snack vorm Schlafen ist ok, solange er leicht ist und keinen Zucker enthält. Denn Zucker wärmt unseren Körper wieder auf und hält uns wach.

Was tun gegen ein Mittagstief?

Ein regelmäßiges Schlafmuster mit gleichen Bettgeh- und Aufstehzeiten im Alltag und am Wochenende ist die wichtigste Empfehlung des Schlafforschers Walker, um unsere Gesundheit massiv zu unterstützen. Unser Körper gedeiht in dieser Regelmäßigkeit am besten. Das ist etwas, was ich mir wirklich vorgenommen habe, auch wenn es mir noch sehr schwerfällt. Ausschlafen und lange liegen bleiben ist für mich einfach der Inbegriff von Wochenende! – Hier arbeite ich noch an meinem Mindset.

Koffein ist eine Art Selbstmedikation, um Schlafdefizite auszugleichen oder um damit morgens seine Müdigkeit zu überwinden. Die Behauptung, mit Koffein bessere Leistungen erbringen zu können, hält Walker für eine Selbsttäuschung. Er glaubt, dass wir damit lediglich versuchen, ein Niveau zu erreichen, das wir natürlicherweise mit genug Schlaf hätten – ohne Koffein. Er rät stattdessen zu Bewegung bei Tageslicht an der frischen Luft. Morgens hilft ein heißes Getränk, um die Körpertemperatur anzuheben.

Wer unter Schlafproblemen leidet oder keinen regelmäßigen Mittagsschlaf abhalten kann, sollte das Nickerchen meiden. Während der 16-stündigen Wachphase wird das chemische Element Adenosin gebildet, das uns schläfrig macht. Beim Mittagsschlaf wird dieses aber teilweise wieder abgebaut; das kann dann zu Schlafstörungen in der Nacht führen.

5 Tipps des Schlafforschers Matthew Walker:

1. Regelmäßigkeit: Schlafengehen und aufstehen täglich zur gleichen Zeit.
2. Dunkelheit: Eine Stunde vor dem Schlafen möglichst viele Lichtquellen löschen.
3. Kühles Schlafzimmer: Unsere Körpertemperatur fällt beim Schlafen um ein Grad, um ein- und durchzuschlafen. 18,5 Grad ist für die meisten Menschen die optimale Temperatur – besser zu kalt als zu warm.
4. Aufstehen: Wenn du nach 15–20 Minuten nicht eingeschlafen bist oder in der Nacht für diese Zeitspanne wach liegst, bleib nicht im Bett, sondern steh auf. Geh in einen nur wenig beleuchteten Raum, lies ein Buch oder meditiere und geh erst wieder ins Bett, wenn du schläfrig bist. Mach deinem Gehirn klar, dass das Schlafzimmer der Ort für Schlaf ist und nicht der Ort für Grübeleien.
5. Enthaltsamkeit: Sei achtsam mit Alkohol und Kaffee. Nicht die Ausnahmen sind das Problem, sondern die Regel. Triff informierte Entscheidungen, wenn du deinen Schlaf verbessern möchtest.

Meditation – den Geist beruhigen

Meine ersten Erfahrungen mit Meditation hatte ich im Rahmen meiner Coaching Ausbildung. In dem Modul zur Selbsterfahrung lernten wir jeden Tag neue Meditationen kennen, die so gar nichts mit dem zu tun hatten, was ich so im Kopf hatte: Das erste Bild, das mir in den Sinn kam, war das Sitzen im Schneidersitz oder im fortgeschrittenen Lotussitz, die Augen geschlossen, die Arme ausgestreckt auf den Knien abgelegt, Handflächen nach oben und Daumen und Zeigefinger berühren sich leicht. – Das kann man natürlich auch genau so machen. Dabei ist es in der Praxis völlig unerheblich, in welcher Position du meditierst, ob im Sitzen, Liegen, Gehen oder im Stehen.

Wir lernten zu der Zeit eine Vielzahl von einstündigen dynamischen Meditationen kennen. Dynamisch deshalb, weil in den ersten zwei Phasen der Körper kräftig ausgepowert und die Emotionen abgeschüttelt werden, um dann in den zwei Phasen danach besser in die Meditation, in die Stille zu kommen. Für mich als Anfängerin war das ein guter Start, da ich mir erstmal nicht gut vorstellen konnte, einfach nur zu sitzen.

Wer meditiert, trainiert seine Fähigkeit, sich zu fokussieren. Doch diesen Fokus auch zu halten, das ist die große Herausforderung. Wesentlich ist, dass du deinen Geist beruhigst und dein Gedankenkarussell abstoppst. Oft denke ich einfach nur so vor mich hin und könnte noch nicht einmal genau sagen, woran ich gerade gedacht habe. Dann merke ich plötzlich, dass ich schlechte Laune bekomme und habe keine Ahnung, woher die miesen Gefühle gerade kommen. Wenn nun in der Meditation die Gedanken auftauchen, sollen sie nicht einfach unterdrückt werden; vielmehr ist es ein erster Meditations-Erfolg, diese Gedanken bewusst wahrzunehmen.

Hast du einen Gedanken erfolgreich zu fassen bekommen, dann kommt es darauf an, wie du jetzt damit umgehst. Häufig entwickelt so ein Gedanke ja eine Art Eigenleben: „Oh, ich wollte doch gestern bei dem Kunden anrufen! Hab ich total vergessen! Was mach ich jetzt bloß? Ich erzähle ihm einfach, dass ich gestern einen Krankheitsfall in der Firma hatte und den Notfall organisieren musste. Hoffentlich glaubt er das. Nicht dass er denkt, er wäre nicht wichtig für mich. Aber warum habe ich denn nicht dran gedacht. So ein Mist. Ich bin auch wirklich ein Depp …!" Dieses Gedankenkarussell nimmt dann immer weiter Fahrt auf, bis wir uns so richtig hineingesteigert haben.

Die Idee für die Meditation ist jetzt, diesen Gedanken „Oh, ich wollte doch gestern bei dem Kunden anrufen." nur kurz zu registrieren, ihm aber in dem Moment keinen weiteren Schwung zu verleihen und ihn nicht zu bewerten. Ein häufig gebrauchtes Bild dafür ist, sich den Gedanken wie eine Wolke vorzustellen, die zum Himmel aufsteigt und dort einfach weiterzieht. Wir hängen dem nicht nach, sondern fokussieren uns wieder.

Worauf fokussieren wir uns?

Die Empfehlung, sich auf den eigenen Atem zu fokussieren, ist weit verbreitet und sehr nützlich. Denn unser Atem ist immer da und strömt ganz ohne unser Dazutun ein und aus. Du kannst dich auf eine Stelle in deinem Körper konzentrieren, wo du deinen Atem am besten spürst, z. B. beim Luftstrom, den du in dem Dreieck zwischen deiner Nase und der Oberlippe spürst, oder dort, wo sich dein Brustkorb hebt und senkt, oder am Bauch, wo du mal mehr und mal weniger gut spürst, wo dein Hosenbund beginnt.

Du kannst deinem Gehirn auch noch etwas mehr Futter für den Fokus anbieten, indem du einfache Worte oder Mantren still in Gedanken wiederholst: „Ich atme ein" beim Einatmen, „Ich atme aus" beim Ausatmen. Oder nur „Ein" und „Aus". Es kann aber auch jedes andere positiv besetzte Wort sein: „Liebe" und „Frieden", „Glück" und „Freude", „Herz" und „Seele", oder was auch immer dir einfällt.

Geführte oder angeleitete Meditationen gibt es ebenfalls in unzähligen Variationen. Sie reichen von spirituellen Inspirationen über das Aufgreifen von bestimmten Emotionen bis zum Body Scan, in dem die Aufmerksamkeit von einem Körperteil zum nächsten gelenkt wird. Du kannst auch meditativ gehen, indem du jeden Schritt sehr langsam und bewusst ausführst. Oder du isst meditativ, indem du jeden Bissen intensiv kaust, spürst und schmeckst.

Egal, für welche Meditation du dich entscheidest, es geht immer darum, den Geist zu beruhigen und das Gehirn darauf zu trainieren, den Fokus zu halten. Das gelingt nicht von heute auf morgen. Einen Marathon zu laufen, lernst du auch nicht über Nacht.

Stelle dir dein Gehirn wie einen Muskel zur Fokussierung vor. Jedes Mal, wenn du feststellst, dass deine Gedanken abdriften, kommst du zurück zu deinem gewählten Fokus. Das entspricht dann sozusagen einer „Wiederholung", so wie beim Krafttraining. Ziel ist es, beim Meditieren immer weniger von solchen Wiederholungen zu benötigen und somit die Zeitspanne der Fokussierung nach und nach auszudehnen. Oder vergleiche es mit dem Tauchen: Da geht es ja auch darum, mit möglichst wenig Atemzügen (ein Atemzug steht hier für einen Gedanken) eine bestimmte oder möglichst lange Strecke unter Wasser zu bleiben. Wer das beherrscht, profitiert im Alltag sehr davon.

Vorteile einer regelmäßigen Meditationspraxis

Der erste Vorteil ist, dass wir lernen unsere Gedanken überhaupt erstmal bewusst wahrzunehmen. Unsere Gedanken kreisen häufig um Dinge, die entweder in der Vergangenheit liegen, die wir hätten tun oder lassen können, etwa um Situationen, in denen wir etwas hätten sagen sollen oder besser geschwiegen hätten. Oder sie kreisen um Dinge, die in der Zukunft liegen und uns Sorgen machen. Nicht selten beschimpfen wir uns selbst, wenn wir unzufrieden mit uns sind. Und wie so oft – erst wenn uns etwas bewusst ist, können wir es auch ändern.

Es steigert unsere Gelassenheit, wenn wir es zunächst einmal während der Meditation regelmäßig schaffen, unser Gedankenkarussell anzuhalten. Mit etwas Übung gelingt es uns dann auch im Alltag häufiger, diese Grübeleien zu entdecken und sie bewusst zu stoppen – also gedanklich weder in der Vergangenheit noch in der Zukunft zu sein, sondern im viel beschworenen „Hier und Jetzt".

Regelmäßige Meditationspraxis verändert nachweislich die Gehirnstruktur positiv. Während das linke Stirnhirn bei Emotionen wie Dankbarkeit und Freude aktiv ist, ist das rechte bei Wut, Hass und Ärger im Einsatz. Eine Person ist umso optimistischer, je aktiver das linke Stirnhirn in Relation zum rechten ist.

In einem Experiment wurden die Hirnströme von Mönchen mit zigtausend Stunden Meditationserfahrung gemessen. Ihr Links-Rechts-Verhältnis war extrem positiv und lag weit außerhalb der Norm. Du musst aber kein Mönch sein, um von Meditation zu profitieren. Jon Kabat-Zinn, emeritierter Professor für Medizin an der Universität von Massachusetts, hat sich in seiner Forschung und

Praxis ganz der Achtsamkeitsmeditation verschrieben, um Menschen dabei zu helfen besser mit Stress umgehen zu können. Er entwickelte ein achtwöchiges Programm zur Stressreduktion (Mindfulness Based Stress Reduction, MBSR). Mit lediglich 45 Minuten täglicher Meditations- und Yoga-Praxis zeigte sich bereits eine deutliche Wirkung. Laut Selbstauskunft der Teilnehmenden verbesserte sich die Stimmung deutlich und ihre Ängste verringerten sich nachhaltig. In Messungen konnten schon nach dieser kurzen Zeit Verbesserungen im Links-Rechts-Verhältnis der Gehirnstruktur nachgewiesen werden.

Regelmäßiges Meditieren

- reduziert Stress, Angst und Depression,
- stärkt das Immunsystem,
- verbessert den Schlaf,
- harmonisiert die Beziehungen,
- macht zufriedener,
- fördert deine Selbst(er-)kenntnis,
- verbessert Gedächtnis und Konzentration,
- erhöht Kreativität und Lösungsorientierung.

Bewegung – Erfolg auf allen Ebenen

Ich war lange Zeit bekennender Sportmuffel. Bewegen? Nur wenn ich muss! Seit ich mich aber intensiver mit meiner Gesundheit und meiner Lebensvision beschäftige, ist das anders: Ich wünsche mir nämlich, mit 95 Jahren auf meiner Goldenen Hochzeit mit meinem Mann Salsa zu tanzen und ich möchte mit meinen Urenkeln auf eigenen Füßen ohne Hilfsmittel in den Zoo gehen. Und dafür muss ich jetzt etwas tun.

Ich habe viel ausprobiert. Für mich funktioniert aktuell ein Mix aus Yoga, Gehen und Kniebeugen ganz gut. Eine der drei Bewegungsarten schafft es (fast) täglich in meine Morgenroutine. – Diese zu entwickeln, hat allerdings seine Zeit gedauert. Und seit es zur Routine gehört, diskutiert mein innerer Schweinehund nicht mehr *jedes* Mal mit mir. Für mich ist dabei wichtig: Es muss in meinem Kalender stehen, sonst findet es nicht statt. Denn von „Hause aus" bin ich leider eher ein Couch-Potato.

Doch egal, wen du fragst, jeder bestätigt dir, dass Sport und Bewegung gut für deine Gesundheit sind. Unser Körper ist einfach darauf ausgelegt. In der Zeit der Jäger und Sammler sind die Menschen noch 10–20 Kilometer am Tag gelaufen, um Nahrung zu finden und in Sicherheit zu bleiben. Heute liegt der Tagesdurchschnitt angeblich nur noch bei etwa 500 Metern: vom Bett zum Bad, zum Esstisch, zum Auto, zum Schreibtisch, zur Kantine und zurück. Das war's. Im Homeoffice „schaffen" wir womöglich noch weniger.

Dabei profitieren wir auf allen Ebenen von regelmäßiger Bewegung:

- ❑ Steigerung der körperlichen Leistungsfähigkeit,
- ❑ Aufbau von Muskelmasse,
- ❑ Regulierung des Gewichts,
- ❑ Abbau von Stress,
- ❑ Stärkung des Selbstvertrauens,
- ❑ Steigerung der Kreativität,
- ❑ Verbesserung der Konzentrationsfähigkeit.

Sport – Ein Antidepressivum?

Dieser Frage gingen die Autoren der Studie „Bewegung und Pharmakotherapie bei der Behandlung schwerer depressiver Erkrankungen"[48] nach, die 2007 veröffentlicht wurde. An der Studie nahmen 202 Patienten teil, die nach dem Zufallsprinzip in vier Gruppen aufgeteilt wurden. Jede Gruppe wurde nach einem anderen Konzept behandelt.

Nach vier Monaten sollten die Patienten angeben, ob sich ihre Symptome so weit verbessert hatten, dass nicht mehr von einer schweren Depression gesprochen werden konnte. Das Ergebnis: Dieser Effekt trat ein bei

- ❑ 45 Prozent der Patienten, die eine beaufsichtigte Bewegung durchführten,
- ❑ 40 Prozent, die ihre Bewegung zu Hause absolvierten,
- ❑ 47 Prozent, die ein Medikament bekamen und
- ❑ 31 Prozent aus der Placebo-Vergleichsgruppe.

Das bedeutet, dass Bewegung unter Anleitung demnach fast so erfolgreich ist wie die Therapie mit Medikamenten. Das ist doch erstaunlich!

Schon im Jahr 2000 wurde eine ähnliche Studie ohne Placebo-Vergleichsgruppe durchgeführt. Diese Teilnehmer wurden in einer Folgestudie nach sechs Monaten wieder kontaktiert. Bemerkenswert war der signifikante Unterschied bei der Rückfallquote. In der reinen Sportgruppe war sie nach insgesamt 10 Monaten am geringsten.[49] Eine Interpretation dieser Ergebnisse ist, dass die reine Sportgruppe ihre Selbstwirksamkeit erfahren hat. Durch die sportliche

---

[48] Vgl. Blumenthal, James A./Babyak, Michael A./Doraiswamy P. Murali/et al: Exercise and pharmacotherapy in the treatment of major depressive disorder, in: Psychosom Med., 69(7), 2007, S. 587–596. DOI:10.1097/PSY.0b013e318148c19a https://www.ncbi.nlm.nih.gov/pmc/articles/PMC2702700/.

[49] Vgl. Babyak, Michael A. /Blumenthal, James A./Herman, S./et al: Exercise treatment for major depression: maintenance of therapeutic benefit at 10 months, in: Psychosom Med., 62(5), 2000, S. 633–638. DOI: 10.1097/00006842-200009000-00006 https://pubmed.ncbi.nlm.nih.gov/11020092/.

Betätigung hat sich ihr psychischer Zustand langfristig und nachhaltig verbessert. Dadurch haben sie ihr Selbstvertrauen gestärkt und sehen künftigen Herausforderungen zuversichtlicher entgegen.

Wenn die Vertreter der Positiven Psychologie nur einen einzigen Tipp geben dürften, das Wohlbefinden zu steigern, wäre es:

- ❏ 3 x pro Woche Sport,
- ❏ 45 Minuten,
- ❏ bei 70–85 Prozent der maximalen Herzfrequenz.

Die Forscher gehen sogar so weit zu sagen:

„Sport wirkt wie ein Antidepressivum – kein Sport wie ein Depressivum."

Der richtige Sport ist allerdings für jeden etwas anderes. Ausdauersport, Kraftsport, Mannschaftssport … es muss ein Sport sein, der dir Spaß macht, damit du dranbleibst. Selbst zehn Minuten am Morgen sind besser, als sich gar nicht zu bewegen.

Geh an dein Limit!

„Keine Zeit" ist wohl eine der gängigsten Entschuldigungen, warum wir den Sport häufiger mal ausfallen lassen. Den inneren Schweinehund davon zu überzeugen, in die Joggingschuhe zu schlüpfen und loszulaufen, ins Fitness-Studio oder Schwimmbad zu fahren, kostet wahnsinnig viel Kraft. Und oft genug gewinnt der Schweinehund den Kampf.

Hier ist eine gute und eine schlechte Nachricht für dich zu diesem Thema: Die gute ist, dass es hoch-intensive Intervall-Trainings (H.I.I.T.) gibt, die nur bis zu zehn Minuten dauern. Die schlechte ist, dass diese zehn Minuten richtig anstrengend und unangenehm sind! Dabei schneiden diese H.I.I.T. im Vergleich zu manchem Ausdauersport sehr gut ab, besonders hinsichtlich der positiven Auswirkungen auf das Herz-Kreislauf-System. Die Idee ist, dass du in Intervallen von beispielsweise 20 Sekunden mit Vollgas trainierst, anschließend 10 Sekunden Pause machst und das dann in acht Intervallen – also vier Minuten lang – wiederholst.

Um es dir so einfach wie möglich zu machen, gibt es eine Reihe von Übungen, die du einzig und allein mit deinem eigenen Körpergewicht durchführen kannst. Kniebeugen, Liegestütze, diverse Bauchmuskelübungen, Jumping-Jacks, der gute, alte Hampelmann oder kräftigende Übungen mit einem (Büro-)Stuhl sind Beispiele dafür. Ziel ist es, dass du in jedem Intervall wirklich an deine Grenzen gehst und außer Atem gerätst, bevor du eine kurze Pause einlegst.

Im Internet findest du unter dem Stichwort "7-Minutes-Workout" eine große Auswahl von Anleitungen und Videos dazu.

Noch eine gute Nachricht: Du kannst das H.I.I.T. auch in deinen Lieblingssport integrieren. Wenn du gerne schwimmst, läufst oder Rad fährst, können dich nach einer kurzen Aufwärmphase drei Intervalle von je 20 Sekunden an deine Grenze bringen, dann folgen zwei Minuten moderates Training. Und nach einem kurzen Cool Down hast du in nur zehn Minuten ein hoch effektives Training absolviert.

Versuche außerdem, auch im Alltag so oft wie möglich außer Atem zu kommen: Lauf den Weg zum Bus, renne die Treppen hoch so schnell du kannst oder lass für kurze Wege das Auto stehen und renn den Weg. Vier hochintensive Minuten an drei Tagen in der Woche sollen schon reichen, um gesundheitlich davon zu profitieren.

Mehr Sport im Alltag – Tipps zur Umsetzung:

- Fang langsam an und nimm dir nicht zu viel vor.
- Verabrede dich mit Freunden oder Kollegen.
- Such dir Sportarten aus, die Spaß machen und bereits kurzfristig Erfolg bringen.
- Variiere den Sport, damit es nicht langweilig wird: einen Tag laufen, den nächsten schwimmen, dann Rad fahren oder was immer dir einfällt.
- Plane deine Sportaktivität ganz konkret und trag sie in deinen Kalender ein: Was? Wann? Wo? Mit wem?
- Wie gehst du mit Planänderungen um? Wenn – dann …!

Fitness ist kein Zustand, sondern ein Prozess.

Ernährung – die beste Medizin

Essen macht glücklich! Gemeinsam mit Freunden und Familie zu essen, macht noch glücklicher. Das empfinde ich zumindest so. Essen und ernähren sind allerdings zwei Paar Schuhe.

Als mir dieser Unterschied zum ersten Mal bewusst wurde, war ich schwanger mit meiner Tochter. Ich wollte dem heranwachsenden Baby nur das Beste geben. Aber was war das? Ich hatte echt keine Ahnung. Kochen war bis dahin nichts, was mich interessiert hätte. Auf meinem Speiseplan standen Nudeln, Kartoffeln, Gemüse, Ei, Sahne, Gehacktes, Leberwurst und am liebsten – Käsebrote mit dick Butter! Wenn mich meine Freundin und Mitbewohnerin während meines Studiums nicht von Zeit zu Zeit bekocht hätte, hätte ich mich ausschließlich von Süßkram, Kaffee und Zigaretten „ernährt". Nichts, was man einem Baby anbieten möchte. Das war mir klar.

Zum ersten Mal befasste ich mich damit, was ich täglich zu mir nehmen sollte, interessierte mich für die Nährstoffe, die ich als Schwangere für mich und das Baby brauchte. Leider hielt das dann nur so lange an, bis meine Tochter soweit war, dass sie kein extra Essen mehr brauchte und ganz normal bei mir mitaß. Ich fiel zurück in alte Ernährungsgewohnheiten – bis ich massive gesundheitliche Probleme bekam, die ich auch über die Ernährung wieder in den Griff bekommen wollte.

Auf die richtigen Nährstoffe kommt es an

Eine Pflanze gedeiht umso besser, wenn sie in der richtigen Erde steht, die richtigen Nährstoffe bekommt und genug Wasser da ist. Erfolg oder Misserfolg bei der Pflanzenpflege wird da sehr schnell sehr offensichtlich. Wenn eine Pflanze dahinkümmert und sie dir etwas bedeutet, fängst du an, nach den Ursachen zu suchen, veränderst die Düngung und versuchst es mit mehr oder weniger Wasser. Die Pflanze gedeiht am besten, wenn die Nährstoffzusammensetzung und der Standort stimmen. Einige Pflanzen sind toleranter gegenüber Fehlern, andere gehen ein, noch bevor wir es ahnen.

Mit unserem Körper ist es ganz ähnlich, nur dass wir häufig sehr lange nicht bemerken, was der Körper die ganze Zeit für uns kompensiert. Er funktioniert eher *trotz* der Nahrung, die wir ihm geben, als deswegen. Den einen geht's erstaunlich gut damit, andere werden schwer krank. Wenn wir dann darauf aufmerksam gemacht werden, ist uns der Zusammenhang meist intuitiv klar.

In den westlichen Industrieländern steigt die Anzahl der sogenannten Zivilisationskrankheiten stetig an. Die meisten davon werden mit der westlichen Ernährungsweise in Zusammenhang gebracht. Wir essen eher zu viel, als zu wenig und trotzdem mangelt es uns vermehrt an essentiellen Nährstoffen – auch weil in den Lebensmitteln nicht mehr die Nährstoffe enthalten sind, wie noch vor Jahren. Die Böden sind ausgelaugt und die Pflanzen sind lediglich so gezüchtet, dass sie schön aussehen, schnell wachsen und gegen Schädlinge resistent sind. Zusätzlich sind viele konventionelle Lebensmittel noch mit Pestiziden belastet.

Wenn ich hier über Ernährung schreibe, versuche ich ganz bewusst alle Trends und Modeerscheinungen zu dem Thema außen vor zu lassen. Ich möchte dich eher dazu einladen, dich etwas bewusster und vielleicht planvoller zu ernähren und dich mit ausreichend Proteinen, Fetten, Vitaminen, Mineralien, Mikro- und Makronährstoffen zu versorgen.

Die Deutsche Gesellschaft für Ernährung (DGE) empfiehlt 50–60 Prozent der Kalorienzufuhr aus Kohlehydraten, 30 Prozent aus Fett und maximal 20

Prozent aus Eiweiß. Mich stresst so eine Aussage, weil es mir persönlich sehr schwerfällt, meine Speisen entsprechend zu analysieren und zu planen.

Über die Jahre habe ich mir, aus allem was ich so zur Ernährung gehört und gelesen habe, diese fünf Dinge gemerkt, mit denen ich heute ganz gut zurechtkomme:

1. nur frische, saisonale, regionale und möglichst unverarbeitete Lebensmittel verwenden,
2. möglichst häufig alle Farben des Regenbogens auf dem Teller,
3. bei jeder Mahlzeit möglichst alle Geschmacksrichtungen abdecken (süß, sauer, salzig, scharf, bitter, herb),
4. innerhalb einer Woche 30 verschiedene Lebensmittel verwenden,
5. das tägliche Dutzend beachten (1. Bohnen, 2. Beeren, 3. andere Früchte, 4. Kreuzblütler, wie z. B. Kohl, Senf oder Kresse 5. grünes Blattgemüse, 6. anderes Gemüse, 7. Leinsamen, 8. Nüsse und Samen, 9. Kräuter und Gewürze, 10. Vollkorngetreide, 11. Wasser und 12. Bewegung).

Exkurs: Das tägliche Dutzend / Daily Dozen

Als Kind hat der amerikanische Arzt und Ernährungsexperte Dr. Michael Greger erlebt, wie seine schwer kranke und von den Ärzten bereits aufgegebene Großmutter allein durch eine Ernährungsumstellung auf pflanzliche Vollwertkost noch viele Jahre „geschenkt" bekam. Das inspirierte ihn, ein Medizinstudium abzuschließen und sich ganz dem Zusammenhang von Ernährung und Gesundheit zu widmen.
Seine Mission ist es, dem Nicht-Mediziner sämtliche Studien zu den gesundheitlichen Auswirkungen von Ernährung in leichter, humorvoller Sprache zugänglich zu machen. Das tut er über YouTube-Videos und über seine Bücher („How to not Die" und „How to not Diet" sowie den passenden Kochbüchern).
Er wird nicht müde, unsere westlichen Ernährungsgewohnheiten mit der steigenden Anzahl an tödlichen Zivilisationskrankheiten in Zusammenhang zu bringen. Und er filtert heraus, was wir selbst tun können, um gesund alt zu werden.
In seiner App „Daily Dozen" stellt er eine Checkliste zur Verfügung, in der du dein Dutzend täglich abhaken kannst. Hast du Interesse an den wissenschaftlichen Hintergründen seiner Empfehlungen, kannst du ganz einfach in der App auf seine verlinkten Videos klicken.

Alles, was wir uns in den Mund stecken, muss von unserem Körper verarbeitet werden. Du machst es deinem Körper leicht, wenn du ihm die Lebensmittel mit den richtigen Nährstoffen in einer Form anbietest, wie er sie benötigt und ohne viel Aufwand einbauen kann – je naturbelassener und unverarbeiteter, desto besser. So können alle Körperfunktionen kontinuierlich aufrechterhalten werden.

Bekommt dein Körper zu viel oder nicht die richtigen Nährstoffe, muss er damit irgendwie umgehen. Genauso muss er mit all den giftigen Substanzen wie Alkohol, Nikotin oder Umweltgiften fertig werden, die du mehr oder weniger bewusst zu dir nimmst. Für das, was du nicht ausscheiden kannst, sucht dein Körper nach Lösungsmöglichkeiten, nach Depots. Das Ansetzen von „Hüftgold" ist ein offensichtlicher Versuch, das Problem zu beherrschen.

Einen „Bösewicht" möchte ich doch noch explizit ansprechen: den Haushaltszucker. Für mich ist das der Inbegriff der „leeren" Kalorien. Er gibt dem Körper zwar kurzfristig und schnell verfügbare Energie, aber sonst auch nichts – also keine Nährstoffe. Egal in welchem Lager man sich bei den Ernährungsrichtungen befindet – raffinierten Zucker zu reduzieren ist immer die Empfehlung. Dabei machen die süßen Sachen doch glücklich, oder?

Unser tägliches Brot

Der süße Geschmack soll, wie alle anderen Geschmacksrichtungen, täglich auf deinem Speiseplan stehen. Falls du auf raffinierten Zucker und Süßigkeiten verzichten möchtest, probiere dich doch mal durch eine Reihe von Trockenfrüchten. Vielleicht ist da etwas dabei, das dir über die erste Zeit des Verzichts von Haushaltszucker oder Süßigkeiten hinweghilft. Was für mich eine Offenbarung war, sind die köstlichen Medjool Datteln mit Nussmus – Cashew oder Mandel!

Ins Büro und zu Besprechungen gehe ich nie, ohne meine legendäre Tüte mit meiner Spezialmischung aus Cashews, Walnüssen, Mandeln, Macadamia, Haselnüssen, getrockneten Mango und Ananas, Rosinen, Datteln und Kokosstreifen. Das gibt schnell gute Energie – ohne schlechtes Gewissen. Und die Körperzellen freuen sich.

Um auf die empfohlenen 30 unterschiedlichen Lebensmittel pro Woche zu kommen, ist ein wenig Planung hilfreich. Die oben genannte Nussmischung schlägt schon mal mit zehn zu Buche. Für den kleinen Hunger zwischendurch, ist es immer gut, sie dabei zu haben. So kannst du dem Stück Kuchen, dem Schokoriegel oder den Weingummis besser aus dem Weg gehen, sofern das überhaupt ein Thema für dich ist.

Wenn ich auf dem Wochenmarkt einkaufen gehe, lasse ich mich gerne von den Farben des Angebots inspirieren. Viel Grünes, etwas Rotes, Gelbes, Orangenes, Weißes … Hier kommen auch schon schnell weitere zehn Lebensmittel für die

Woche dazu. Die restlichen zehn stellen dann die unterschiedlichen Hülsenfrüchte und das Vollkorngetreide in all seinen Darreichungsformen. Und wenn du dich mittags in einer Kantine versorgen lassen kannst, schlage ich vor, dir einen möglichst bunten Teller zu gestalten. Oft bietet die Salatbar oder das angebotene Beilagengemüse eine schöne Palette von Farben an.

Intervallfasten oder intermittierendes Fasten

Hier ist noch etwas, das du vielleicht auch einmal ausprobieren möchtest: das Intervall- oder intermittierende Fasten. Dabei verkürzt du die Zeit, in der du überhaupt Nahrung aufnimmst, auf acht Stunden am Tag und isst dann 16 Stunden lang nichts. D. h., wenn du abends um 20:00 Uhr die letzte Mahlzeit zu dir nimmst, beginnst du am nächsten Tag erst wieder um 12:00 Uhr zu essen. Oder du startest mit dem Frühstück um 10:00 Uhr und isst um 18:00 Uhr das letzte Mal.

Neben dem täglichen Intervall von 8:16 Stunden (oder 6:18 / 4:20) gibt es noch weitere Intervallformen, bei denen über die Woche verteilt 5:2 Tage gefastet wird, d. h. fünf Tage normales essen und dann 2 Tage fasten oder du isst jeden zweiten Tag.

Das Fasten soll den Stoffwechsel positiv beeinflussen und deinen Verdauungsapparat enorm entlasten. Der Körper bekommt mehr Zeit, die Nährstoffe zu verarbeiten, sich zu regenerieren und zu reparieren. Das Essen in Intervallen soll der Ernährung aus den Zeiten der Jäger und Sammler sehr nahekommen. Die Forscher gehen davon aus, dass unser Körper darauf ausgerichtet ist, mit diesen Fastenpausen gut umzugehen.

Ein Sprichwort besagt: Essen und Trinken hält Leib und Seele zusammen. Deine Ernährung soll dir in jedem Fall Spaß machen und genussvoll sein. Wann immer es dir möglich ist, iss in guter Gesellschaft und ohne Eile.

Emotionen – gute Gefühle kultivieren

Emotionen wirken sich unmittelbar auf den Körper aus (und umgekehrt). Diese Erkenntnis wird inzwischen sowohl von westlichen als auch östlichen Wissenschaftlern nicht mehr infrage gestellt.

Wenn wir wütend, ärgerlich, feindselig oder ängstlich sind, wirkt sich das direkt auch physisch auf unseren Körper aus. Bei diesen negativen Emotionen spüren wir Enge oder Hitze in der Brust oder im Hals, bekommen schweißnasse Hände und ein glühendes Gesicht. Sind wir traurig oder depressiv fühlt sich unser Körper eher eng, kalt und kraftlos an.

Sind wir glücklich, verliebt oder stolz, erhitzt sich unser Körper ebenfalls, allerdings verbunden mit einer Weite. Unser Herz geht auf, wir sind empfänglich für andere und offen für neue Ideen.

Während die positiven Gefühle unser Immunsystem stärken und unser Wohlbefinden steigern, schwächen uns die negativen Gefühle eher. Trotzdem gehören beide Emotionen zu unserem Menschsein ganz selbstverständlich dazu. Wir werden emotional, wenn wir auf äußere Reize reagieren und wenn unser Körper einen Mangel verspürt. Vielleicht kennst du es von dir selbst, oder von jemandem aus deinem Umfeld, der „ungenießbar" wird, wenn er Hunger hat.

In den Anfängen der Emotionsforschung konzentrierten sich die Wissenschaftler auf die negativen Gefühle und die krankhaften Veränderungen – wie Depressionen, Aggressionen oder Angstneurosen beispielsweise – unter denen auch heute noch viele Menschen leiden. Doch was hat es mit den positiven Emotionen auf sich?

Broaden-and-Build Theorie

Barbara L. Fredrickson, Professorin für Psychologie an der Universität von North Carolina, forschte als erste auf dem Gebiet der positiven Emotionen. Sie hinterfragte die bis dahin gültige Annahme, dass Emotionen in unserem Körper entstehen, um bestimmte Handlungsimpulse auszulösen. Verkürzt könnten wir sagen: Angst löst Flucht aus, Ekel löst Vermeidung aus, und Wut löst Kampf aus. Für die positiven Emotionen wie z. B. Freude oder Heiterkeit, konnten diese eindeutigen Handlungsimpulse allerdings nicht gefunden werden. Auch sind die körperlichen Reaktionen auf positive bzw. negative Emotionen unterschiedlich.

Als Ergebnis ihrer Forschungen entwickelte Fredrickson ihre sogenannte Broaden-and-Build Theorie.[50] Sie fand heraus, dass die positiven Gefühle unser Herz und unseren Geist öffnen (broaden), was uns kreativer und neugieriger macht. In friedlichen Zeiten, in denen wir nicht um unser Überleben kämpfen – sei es gefühlt oder tatsächlich – erlernen wir spielerisch neue Fertigkeiten, die uns dann langfristig einen (Überlebens-)Vorteil bringen können. Wir bauen Ressourcen auf (build).

Während die negativen Emotionen so offensichtlich lebensrettend sein können, ist Fredrickson überzeugt, dass auch die positiven Gefühle in der Evolution des Menschen von entscheidender Bedeutung waren. All die Erfindungen, wie

---

[50]   Vgl. Fredrickson, Barbara L: Die Macht der guten Gefühle: wie eine positive Haltung ihr Leben dauerhaft verändert, Frankfurt am Main/New York: Campus Verlag, 2011, S. 35.

beispielsweise Waffen, Werkzeuge oder befestigte Wohnungen konnten zum Schutz der Familien in Zeiten der Sicherheit entwickelt werden.

Vor dem Hintergrund könnten wir sagen:

- ❑ Negative Emotionen sind kurzfristig lebensrettend.
- ❑ Positive Emotionen sind langfristig lebensverlängernd.

Den Quotienten verbessern

Im Laufe unseres Lebens und sogar im Laufe eines Tages schwanken unsere Gefühle ständig zwischen positiv und negativ hin und her. In gemeinsamen Forschungen mit Marcial Losada, Ph.D. Organisationspsychologe an der Universität Michigan, interessierte sich Fredrickson dafür, ob es eine Art „Tipping-Point" für das Verhältnis von negativen zu positiven Emotionen gibt, wenn es darum geht, ein erfülltes Leben zu ermöglichen.

In aufwendigen Experimenten über einen längeren Zeitraum haben die Wissenschaftler berechnet, „dass der durchschnittliche Quotient für Menschen mit einem erfüllten Leben über 3 zu 1 lag. Menschen die eher stagnierten, wiesen einen Quotienten von unter 3 zu 1 auf."[51] Also auf drei beglückende Emotionen darf ein negatives Erlebnis kommen, ohne in eine gedankliche Abwärtsspirale zu geraten.

Negative Gefühle besitzen allerdings eine so große Strahlkraft, dass wir sie deutlich stärker wahrnehmen als die positiven. Ein einziges negatives Erlebnis kann uns einen bis dahin wunderschönen Tag komplett verderben, die Laune geht in den Keller und das Gedankenkarussell fängt an zu kreisen.

Eine zu hundert Prozent positive Lebenseinstellung, also ein Verhältnis von x : 0, ist allerdings total unrealistisch und unmenschlich. Aufgesetzte Fröhlichkeit und ein künstliches Weglächeln aller Widrigkeiten ist nicht das Mittel der Wahl und sogar nachgewiesenermaßen gesundheitsschädlich.[52]

Mit Negativität umgehen

Es ist wichtig, die Wut zu spüren, wenn wir nicht korrekt behandelt werden und den Konflikt dann auch anzugehen. Wenn etwas nicht in Ordnung ist, entlasten wir uns, wenn wir uns mit der Person, die es betrifft, auseinandersetzen. Nach einem klärenden Streit kann wieder Raum für positive Emotionen

---

[51] Fredrickson, 2011, S. 160.
[52] Vgl. Fredrickson, 2011, S. 218.

entstehen, so wie nach Gewitter und Regen, ganz sicher bald auch wieder die Sonne scheint.

Genauso kann uns eine ernst gemeinte Entschuldigung von unserem negativen Gefühl der Schuld entlasten. Wir können Wiedergutmachung anbieten und uns künftig besser verhalten. Fredrickson spricht in diesen Fällen von angebrachter Negativität, die spezifisch, korrigierbar und produktiv ist.[53]

Unangebrachte Negativität kann aus tief verwurzelten Glaubenssätzen resultieren. So etwas wie: „Ich bin nicht gut genug.", „Ich bin nicht liebenswert.", „Ich kann das nicht.", „Ich bin zu langsam.", „Da hab' ich gar nicht die Ausbildung zu.", „Dafür darf ich doch kein Geld verlangen." oder Ähnliches. Solche Sätze haben wir so oft gedacht, dass wir glauben, sie seien wahr. Meist haben sie ihren Ursprung in unserer frühen Prägung und sind verantwortlich für unsere immer kürzer werdende „Elefantenkette". (vgl. Kapitel „Mit deinem Mindset fängt alles an")

Erst wenn es gelingt, dir dieser Sätze bewusst zu sein, kannst du sie in positive Affirmationen umwandeln. So kann aus den Glaubenssätzen „Ich bin nicht gut genug." oder „Ich kann das nicht." der Satz werden „Ich habe schon viel gelernt und lerne jeden Tag dazu." Oder aus „Dafür darf ich doch kein Geld verlangen." wird „Ich lasse andere von meinen Stärken und Erfahrungen im Tausch (Geld gegen Erfahrung) profitieren."

Manche Glaubenssätze sind hartnäckiger als andere und sträuben sich dagegen, dass wir sie in eine positive Affirmation umwandeln, einfach, weil sie uns schon so ewig begleiten und sich deshalb für uns richtig anfühlen. Scham ist dabei ein besonders „schwieriges" negatives Gefühl, weil wir uns damit selbst massiv in Frage stellen.

Es gibt aber auch Negativität, die wir sehr einfach vermeiden können – gewalttätige Filme oder Bücher, das wiederholte Anschauen oder Hören der Tagesnachrichten oder der regelmäßige Kontakt zu Miesepetern beispielsweise. Und es gibt Situationen, denen wir nicht ohne weiteres ausweichen können. Doch auch die US-amerikanische Bürgerrechtlerin Maya Angelou war der Auffassung: „Wenn du etwas nicht magst, ändere es. Wenn du es nicht ändern kannst, ändere deine Haltung. Hör auf, dich zu beschweren."

Ein wiederkehrendes Ärgernis kann etwa der Stau auf dem Weg zu Arbeit sein. Wie könntest du die Situation modifizieren? Welche Podcasts gibt es, die dich interessieren? Gibt es zu dem Buch, das du gerade liest, auch ein Hörbuch? Dann könntest du es auf deinem Arbeitsweg hören und zu Hause lesen. In öffentlichen Verkehrsmitteln kannst du auch unterwegs lesen, die privaten Mails checken, Podcasts oder Hörbücher hören, meditieren oder sogar schlafen. Die

---

[53] Vgl. Fredrickson, 2011, S. 166f.

Fahrt mag faktisch länger dauern, deine Laune könnte sich trotzdem massiv verbessern. Du nutzt die Zeit unterwegs effektiv für dich und, wenn du zu Hause bist, kannst du dich voll und ganz auf deine gesunde Ernährung, deine Entspannung und deine sozialen Kontakte konzentrieren.

Wenn du dich dabei erwischst, in Gesprächen oder Meetings nicht ganz bei der Sache zu sein, sondern im Geiste deine „Sorgen zählst", beginne damit, dich wieder voll und ganz auf den Moment zu fokussieren. Hier haben die unterschiedlichen Achtsamkeitsübungen wie das bewusste Atmen oder das empathische Zuhören den positiven Effekt, dich zurück in den Augenblick zu holen.

„Selten Schaden ohne Nutzen" ist eines meiner Lebensmottos und eine kleine Abwandlung von den „zwei Seiten einer Medaille". Manchmal braucht es seine Zeit zu erkennen, was das Positive im Negativen sein könnte. Wenn dich eine bedrohliche Diagnose dazu bringt, deinen Lebenswandel zu überdenken und die Verantwortung für deine Gesundheit selbst in die Hand zu nehmen, kann das der Startschuss zu einer deutlich verbesserten Lebensqualität sein. Sind aus einer zwar gescheiterten Beziehung dennoch wundervolle Kinder hervorgegangen, kannst du den Schmerz einer Trennung mit der Dankbarkeit für die Kinder neu bewerten.

Eine andere Form der Negativität, die du leicht vermeiden kannst, ist der Klatsch und Tratsch, der häufig darauf abzielt, andere klein zu machen. Das kann natürlich sehr anregend sein, weil du die Aufmerksamkeit genießt, die mit dieser Form von kleinerer „verbaler Gewalt" einhergeht. Und Lästereien verbinden ja auch irgendwie.

Ich erinnere mich auch in diesem Zusammenhang wieder an Zeiten im Büro, wo es unsere größte Freude war, hinter dem Rücken der Chefin böse zu lästern und darüber oft Tränen zu lachen. Gemeinsam gegen die da oben. Eine Art Galgenhumor, der uns verband und ein Ventil, mit dem empfundenen Druck besser umzugehen. Das war sehr lustig, hatte aber seinen Preis. Wir steigerten uns immer weiter hinein, sodass uns ein freundlicher Blick auf die Chefin überhaupt nicht mehr möglich war. Die Situation verschärfte sich für uns immer weiter, weil wir uns gegenseitig immer wieder auf die Unzulänglichkeiten aufmerksam machten und unser Fokus total verrutschte. Trotz des Gelächters ging es uns überhaupt nicht gut.

Willst du deinen Quotienten verbessern, halte dich von Klatsch und Tratsch fern. Versuche, dich auf die positiven Eigenschaften und die Stärken deiner Mitmenschen zu fokussieren, und freue dich mehr an dem Glück, das andere haben, als dich über Missgeschicke lustig zu machen.

Positive Emotionen bewusst in dein Leben holen

Wenn wir zuerst damit beginnen, die negativen Gefühle zu reduzieren, hat das den tollen Nebeneffekt, dass wir damit die positiven Emotionen besser zum Vorschein bringen können, da sie sonst über den Tag leicht überschattet werden können.

Positive Emotionen können entstehen, wenn wir uns bewusst ausreichend Zeit für die guten Dinge im Leben nehmen. Insbesondere in stressigen Zeiten ist es wichtig, die kleinen Inseln der Freude und Vorfreude zu entdecken. Fredrickson hat sich in ihren Forschungen auf zehn Formen von positiven Gefühlen festgelegt, die die Menschen am meisten prägen:

- Liebe,
- Freude,
- Dankbarkeit,
- Heiterkeit,
- Interesse,
- Hoffnung,
- Stolz,
- Vergnügen,
- Inspiration,
- Ehrfurcht.[54]

Lege dir zu diesen positiven Gefühlen ein kleines Repertoire an gesunden Ablenkungen an, die deine Laune schnell verbessern können und deinen Kopf frei machen: Mach deinen Lieblingssport. Telefoniere mit einer Freundin, von der du weißt, dass ihr oft gemeinsam lachen könnt. Höre einen Podcast, der dich fesselt. Lies ein Buch oder einen Artikel, den du schon lange lesen wolltest. Schau dir einen lustigen Film an. Geh raus in die Natur.

Selbst wenn für solche Gute-Laune-Aktivitäten keine Zeit da ist, helfen kleine Achtsamkeitsübungen, die nicht länger als 90 Sekunden dauern müssen. Achtsames Atmen, achtsames Essen, achtsames Gehen, achtsames Zuhören beispielsweise. Sie erfordern allerdings anfangs eine regelmäßige – am besten tägliche – Praxis, damit sie dir zur Verfügung stehen, wenn dich der Stress oder die negativen Gedanken überrollen. Wenn du nicht sowieso schon geübt bist, finde einen Kurs in deiner Nähe, der dich gut anleitet und dich für deine selbstständige Praxis der Meditation oder Achtsamkeit vorbereitet.

· · · · · · · · · ● · · · · · · · · ·

---

[54] Vgl. Fredrickson, 2011, S. 55–68.

Stärke die Unternehmerin in dir!

Dich endlich voll und ganz deinem Herzensthema widmen zu können, wird dich förmlich beflügeln und deinen Energielevel ansteigen lassen. Trotz vieler Stunden Arbeit, ziehst du viel Kraft aus der für dich bedeutungsvollen Aufgabe. Es macht Spaß, für jede neue Herausforderung kreative Lösungen zu finden und auch direkt umsetzen zu können. Diese Form der Selbstwirksamkeit macht einfach sehr zufrieden.

Das Lebensrad (aus Kapitel „Kennst du dein persönliches „Warum"?") hat ja neben Beruf und Selbstverwirklichung noch zwölf weitere Lebensbereiche, die viel zusätzliche Energie von dir fordern können. Dir deiner Prioritäten bewusst zu sein, hilft, um alles gut unter einen Hut zu bekommen. Und doch kann es passieren, dass dir alles über den Kopf zu wachsen droht.

Sich dann ausgelaugt oder gestresst zu fühlen, kann ja sehr unterschiedliche Ursachen haben. Auf der einen Seite können dich andere Menschen herunterziehen und an deinem inneren Wachstum hindern. – Deshalb halte dich besonders von Energievampiren fern! Auf der anderen Seite stehen wir uns leider häufig auch selbst im Weg, wenn es uns an Selbstbewusstsein und Selbstwertgefühl fehlt. – Dann umgib dich mit Menschen, die an dich glauben und dir den Rücken stärken!

Finde für dich heraus, an welchen Säulen deiner Energietankstelle du besonders gut auftanken kannst. Aus meiner Sicht ist ausreichend Schlaf und eine ausgewogene Ernährung zwar besonders wichtig, doch kann ich dir nur wärmstens empfehlen, die anderen Säulen ebenfalls regelmäßig anzuzapfen.

Wenn du doch noch ein wenig zweifelst, ob die Selbstständigkeit in deiner aktuellen Situation für dich der richtige Weg ist, frag dich: Wer oder was hindert mich? Welche Glaubenssätze halten mich zurück? Und auch: Wer kann mich auf meinem Weg unterstützen? Wer hat schon erreicht, was ich erreichen möchte? Wen kann ich mir zum Vorbild nehmen? Wie kann ich mit derjenigen in Kontakt kommen? Auf andere zuzugehen und um Hilfe zu bitten trägt dazu bei, deine Beziehungen zu vertiefen und wertvoller zu machen. Und um gelingende Beziehungen geht es im nächsten Kapitel.

Reflexionsfragen

- ❑ In welchen Situationen ist dein Selbstvertrauen groß und in welchen eher klein?
- ❑ Kannst du dich von Energievampiren fernhalten oder vor zu viel Einfluss von ihnen schützen?
- ❑ Wann gerätst du in Stress?
- ❑ Wie könnte sich eine Neubewertung von Stress positiv auf dein Leben

auswirken?
- ❏ Bist du hilfsbereit?
- ❏ Kannst du gut Hilfe annehmen?
- ❏ Wie ist dein Schlaf?
- ❏ Was tust du, um dich zu entspannen und zu fokussieren?
- ❏ Wie häufig bewegst du dich?
- ❏ Was für ein Sport macht dir Spaß?
- ❏ Wie könntest du deine Ernährung optimieren?
- ❏ Kannst du bewusst Einfluss auf deine Emotionen nehmen?
- ❏ Wie sehr hängt deine Laune von äußeren Umständen ab?

Haushalte gut mit deiner Energie!: das Wichtigste in Kürze

- ❏ **Wie ist dein aktueller Ladezustand?** Die Erholung nach einem Urlaub ist manchmal schnell wieder verpufft. Wenn wir angespannt und mit wenig Selbstvertrauen ausgestattet sind, erscheint uns manche Herausforderung als riesig. Vor Energievampiren schützt du dich, indem du klare Grenzen setzt und die entsprechenden Konsequenzen ziehst. Das richtige Mindset und das Wissen darüber, was dir wieder Energie gibt, hilft dir, deinen Stresspegel zu verringern.
- ❏ **Der Stress und seine Facetten:** Stressreaktionen sind uralte Muster, die unseren Körper auf Flucht oder Kampf vorbereiten. Sind wir im Dauerstress, fehlt es dem Körper an Regeneration. Das ist die Ursache für eine Vielzahl von Zivilisationskrankheiten. Die Stress-Symptome positiv umzuinterpretieren, schützt vor den negativen körperlichen Folgen. Menschen, die anderen helfen haben – trotz großem Stress – sogar ein höhere Lebenserwartung als solche mit wenig Stress.
- ❏ **Die fünf Säulen deiner Energietankstelle:** Ein ganzheitlicher Ansatz bietet viele Möglichkeiten, um körperlich, mental und seelisch gesund zu bleiben. Guter Schlaf, regelmäßige Meditation, ausreichend Bewegung, ausgewogene Ernährung und positive Emotionen, haben das Potenzial dich langfristig fit zu halten.

Ergänzende Arbeitsmaterialien online unter:
www.susanneklein.coach/starke-unternehmerin

Verbessere
deine Beziehungen

Von Haus aus bin ich eher ein introvertierter Mensch und ziehe meine Energie aus den stillen Momenten und der Reflexion. Allein zu sein finde ich einfach toll! Um richtig glücklich zu sein, brauche ich aber unbedingt „meine" Menschen regelmäßig um mich herum. Allen voran meinen Mann, unsere Töchter, die Enkelkinder, die weitere Familie und enge Freunde.

Seit über zwanzig Jahren trifft sich unsere Stammtischrunde jeden Dienstag irgendwo in Köln zum Essen. Ursprünglich machten wir Sport zusammen, jetzt genießen wir das Zusammensein auch ohne vorher aktiv gewesen zu sein. Einfach so. Das ist ein Geschenk, über das ich mich jede Woche wieder neu freuen kann! Die große Familie und der große Freundeskreis tragen ganz sicher dazu bei, dass es mir heute so gut geht.

In der Vergangenheit hatte ich so manche schwierige Zeit erlebt, in der es mir sehr schwerfiel, Grenzen zu setzen und, wo nötig, die entsprechenden Konsequenzen zu ziehen – privat wie beruflich. Das ist immer noch keine leichte Übung für mich, doch ich lerne täglich dazu. Heute betrachte es als eine Art Akt der Selbst-Fürsorge, Konflikte aktiv anzugehen und auch auszutragen. Denn: Gute Beziehungen gelingen am besten auf Augenhöhe. Und wenn ich mich in bestimmten Situationen nicht wehre, nicht mitteile, entsteht ein Gefälle in der Beziehung, das unweigerlich zu aufgestauten Emotionen führt.

Bricht dann der „Damm", kommt es zu unschönen Szenen gefolgt von der Reue, Dinge gesagt zu haben, die sicher nicht hilfreich oder sogar verletzend waren. Schlimmstenfalls kommt es dann zum Bruch mit dem Menschen, und es tritt ein, was ich in meiner Konfliktvermeidung am meisten befürchtet hatte: Nicht mehr dazuzugehören.

Wissenschaft der Liebe

Der Mensch ist ein Herdentier und braucht das soziale Umfeld, um gut zu gedeihen. Sicher gibt es Unterschiede in der Intensität. Manch einer braucht mehr Kontakt als der andere. Doch was wir alle brauchen, ist ein Gefühl der Zugehörigkeit. Gute Beziehungen sind eine der wichtigsten Voraussetzung für unser persönliches Wohlbefinden und für unseren beruflichen Erfolg. Aber wann ist eine Beziehung eine gute Beziehung?

Auf eine gute Freundin kannst du dich immer verlassen. Du fühlst dich unterstützt und verstanden. Sie hört dir zu und zeigt Mitgefühl. Sie tröstet dich, wenn es dir nicht gut geht und sie feiert deine Erfolge mit dir. Du fühlst dich mit ihr sicher, du kannst sein, wie du bist. Ein solches Vertrauensverhältnis aufzubauen und zu halten scheint in der Ehe manchmal schwieriger zu sein. Die Scheidungsraten sind enorm hoch und die Anzahl der Singlehaushalte steigt weiter.

Auch können wir mit der Vielzahl unserer virtuellen Kontakte nicht diese tiefe emotionale Verbundenheit aufbauen, wie zu einer guten Freundin. Wir fühlen uns zwar nicht allein, aber für echte Verbundenheit fehlt der intensive persönliche Austausch. Die Qualität und die Quantität der Beziehungen haben sich verändert.

Bei häufigem Wechsel des Arbeitgebers und in Arbeitsbeziehungen mit befristeten Verträgen fehlt die Zeit, ein gutes Vertrauensverhältnis aufzubauen. Auch wenn das vielleicht wirtschaftlich nachvollziehbar ist, hat das seine Konsequenzen auf der menschlichen Ebene.

Doch die Qualität unserer Beziehungen, ob privat oder beruflich, hat einen entscheidenden Einfluss darauf, wie sich unser Leben entwickelt, wie gesund und glücklich wir bis ins hohe Alter sind. Zu diesem Ergebnis kommt eine Langzeitstudie aus dem Jahr 1938, die bis heute andauert. Ziel der Studie ist es, Faktoren zu identifizieren, die ein gesundes Altern vorhersagen.

Gute Beziehungen machen den Unterschied

An der Studie nahmen 724 amerikanische Männer aus unterschiedlichen Milieus teil. Die erste Gruppe bestand aus Harvard College Studenten und in einer zweiten Gruppe befanden sich Bostoner Jungen aus sehr armen Verhältnissen. 2015 lebten davon insgesamt noch 60 Männer in ihren 90ern, die bis dahin regelmäßig interviewt und gesundheitlich untersucht wurden.

Über 30 Jahre lang leitete George Vaillant die Studie. Er wird häufig mit dem knackigen Satz zitiert: „Happiness is Love. Full Stop!" (Glück ist Liebe. Punkt!) Robert Waldinger, 4. Leiter dieser Langzeitstudie zur Entwicklung von Erwachsenen, holt in seinem TED Talk[55] etwas weiter aus, wenn er sagt: „Good relationships keep us happier and healthier. Period!" (Gute Beziehungen machen uns glücklicher und gesünder. Punkt!).

---

55 Vgl. Waldinger, Robert: www.ted.com/talks/robert_waldinger_what_makes_a_good_life_lessons_from_the_longest_study_on_happiness.

Um von einer guten Beziehung gesundheitlich zu profitieren, brauchen Menschen laut Waldinger drei Faktoren als Voraussetzung:

1. **Vernetzung**
   Menschen, die gut in der Familie, mit Freunden oder in der Gemeinde vernetzt sind, fühlen sich glücklicher, sind körperlich gesünder und leben länger. Menschen, die ungewollt alleine oder einsam sind, beschreiben sich als weniger glücklich, ihre Gesundheit verschlechtert sich in der Mitte ihres Lebens und sie leben kürzer.

2. **Qualität**
   Man kann alleine sein, ohne sich einsam zu fühlen, und umgekehrt können wir einsam sein, obwohl wir von einer Menschenmenge umgeben sind. Das Gefühl und die Qualität der Verbundenheit zu anderen Menschen ist entscheidend. Paare mit sehr starken Konflikten und permanentem Streit, sind gesundheitlich deutlich beeinträchtigt – sogar noch mehr als Paare, die sich haben scheiden lassen. Im Alter von 80 Jahren waren die gesündesten Teilnehmer der Studie diejenigen, die mit ihrer Beziehung mit Mitte 50 am zufriedensten waren. Gute, enge Beziehungen scheinen uns vor den Beschwerden, die das Alter mit sich bringt, zu schützen. Diejenigen in zufriedenstellenden Beziehungen fühlten sich glücklicher, selbst wenn sie körperliche Schmerzen hatten oder anderes erleiden mussten. Bei Menschen, die in nicht so zufriedenstellenden Beziehungen lebten, vergrößerte sich der körperliche Schmerz durch den emotionalen Schmerz noch zusätzlich.

3. **Sicherheit**
   Gute Beziehungen schützen auch unser Gehirn. Das Gedächtnis derjenigen, die in ihren 80ern in einer sicheren und vertrauensvollen Partnerschaft lebten, war signifikant besser. Solche Beziehungen müssen nicht immer friedlich sein. Solange die Partner sich sicher sind, dass sie sich wirklich auf den anderen verlassen können, wirkten sich auch tägliche Auseinandersetzungen und Streitereien nicht negativ auf deren Gedächtnis aus.

Gute Beziehungen zu haben, ist nicht immer einfach und sie aufzubauen und zu pflegen ist eine Lebensaufgabe, die nicht aufhört. Den Rentnern aus der Studie, die nach ihrer aktiven Zeit Arbeitskollegen durch neue Beziehungen ersetzen konnten, ging es insgesamt besser.

Genauso, wie in einer kürzlich durchgeführten Umfrage unter Millennials, glaubten auch die Männer der Langzeitstudie, dass viel Geld, Ruhm und große Leistung sie glücklich machen würden. In der Langzeitstudie konnte aber immer wieder nachgewiesen werden, dass diejenigen den höchsten Happiness-Level aufwiesen, die am meisten in Beziehungen (Partnerschaft, Familie, Freunde und Gemeinde) investierten.

Ed Diener und Martin Seligman bestätigten diese Erkenntnisse in einer weiteren Studie aus dem Jahr 2002. „Eine Stichprobe von 222 Studenten wurde mit Hilfe von mehrfach bestätigenden Bewertungsfiltern auf hohe Glücklichkeit untersucht. Wir verglichen die oberen 10 % der durchweg sehr glücklichen Personen mit durchschnittlichen und sehr unglücklichen Personen. Die sehr glücklichen Menschen waren sehr sozial und hatten stärkere romantische und andere soziale Beziehungen als weniger glückliche Gruppen. Sie waren extrovertierter, angenehmer und weniger neurotisch und erzielten niedrigere Werte auf mehreren Psychopathologieskalen des Minnesota Multiphasic Personality Inventory. Im Vergleich zu den weniger glücklichen Gruppen trieben die glücklichsten Probanden nicht signifikant mehr Sport, nahmen nicht signifikant mehr an religiösen Aktivitäten teil und erlebten nicht mehr objektiv definierte gute Ereignisse. Keine Variable war ausreichend für Glück, aber gute soziale Beziehungen waren notwendig. Die Mitglieder der glücklichsten Gruppe erlebten die meiste Zeit positive, aber nicht ekstatische Gefühle, und sie berichteten von gelegentlichen negativen Stimmungen. Dies deutet darauf hin, dass sehr glückliche Menschen über ein funktionierendes Emotionssystem verfügen, das angemessen auf Lebensereignisse reagieren kann.[56]

Das Gefühl der Verbundenheit durch Liebe und Wertschätzung gilt als einen relevanter Faktor für unser Glück und Wohlbefinden. Menschen, die sich sicher fühlen und darauf vertrauen können, dass jemand hinter ihnen steht, können ihr volles Potenzial ausschöpfen und über sich hinauswachsen.

Selbst-Liebe und Selbst-Mitgefühl

Gute Beziehungen fangen mit der guten Beziehung zu dir selbst an, so sagt man. Je mehr du mit dir im Reinen bist und einen wohlwollenden Blick auf dich hast, umso besser kannst du deinen Mitmenschen mit Mitgefühl begegnen.

Dr. Kristin Neff ist Professorin für Psychologie und Persönlichkeitsentwicklung an der Universität von Texas in Austin. Sie war die erste, die das buddhistische Konzept des Selbst-Mitgefühls psychologisch erforschte. Sie präsentiert ihre Arbeit online in vielen interessanten Vorträgen, Interviews und TED Talks, die es wirklich wert sind, angesehen zu werden. Das Konzept ist einfacher nachzuvollziehen, wenn wir verstehen, was mit Mitgefühl anderen gegenüber gemeint ist.

---

[56]   Diener E, Seligman ME. Very happy people. Psychol Sci. 2002 Jan;13(1):81-4. doi: 10.1111/1467-9280.00415. PMID: 11894851. www.pubmed.ncbi.nlm.nih. gov/11894851/

Drei Komponenten des Mitgefühls

1. **Wahrnehmen der Emotionen**
   Angenommen eine Freundin kommt zu dir und erzählt, wie schlecht es ihr geht, weil sie einen schlimmen Fehler gemacht hat, den sie sehr bereut und für den sie sich schämt. Seit Tagen schon kreisen ihre Gedanken darum und sie macht sich selbst fertig deswegen. Wahrscheinlich muss sie noch nicht einmal etwas sagen, weil du schon spürst, dass mit ihr etwas nicht in Ordnung ist.

2. **Zugewandt reagieren**
   Dann sagst du ihr vielleicht so etwas wie: „Was ist los mit dir? Geht es dir nicht gut?" Du reagierst freundlich, unterstützend, tröstest und kümmerst dich um sie. Du gibst ihr das Gefühl, an ihrer Seite zu stehen und lässt sie spüren, dass du sie trotz allem liebhast. (Sie hasst sich gerade selbst und kann sich deshalb nicht vorstellen, dass sie trotzdem jemand liebhaben könnte.)

3. **Verbundenheit herstellen**
   Wenn deine Freundin sich alles von der Seele reden konnte und sich wirklich von dir gesehen fühlt, versuchst du vorsichtig, die Freundin aus ihrer empfundenen Isolation herauszuholen, indem du ihr Missgeschick in einen größeren Zusammenhang stellst: „So etwas kann jedem passieren! Fehler gehören zum Leben und zu unserer Entwicklung einfach dazu." Denn zu leiden ist eine normale menschliche Erfahrung, die wir alle durchleben. Es geht darum, ein Gefühl der Verbundenheit herzustellen. (Permission to be human = Die Erlaubnis, Mensch oder menschlich zu sein)[57]

Für unser *Selbst*-Mitgefühl gelten nun im Prinzip genau dieselben drei Schritte: Es beginnt damit, dass wir unser Leiden als solches erst einmal wahrnehmen. Das ist gar nicht so selbstverständlich, besonders wenn wir es mit unserem inneren Kritiker zu tun bekommen. Diese innere Stimme schimpft mit uns, weil wir zu viel gegessen haben, einen Fehler in einer wichtigen Berechnung übersehen haben oder sonst irgendetwas nicht so ist, wie wir es uns vorgestellt haben. Wir machen uns selbst klein und verstärken unbewusst das Leid dadurch noch. Dabei wäre in solchen Situationen unser Selbst-Mitgefühl wirklich angebracht.

Dann geht es darum, dich selbst zu trösten und freundlich zu dir selbst zu sein, indem du – sei es in Gedanken oder tatsächlich laut – liebevoll mit dir sprichst.

---

[57]   Vgl. Dr. Kristin Neff: The Three Components of Self-Compassion, www.youtube.com/watch?v=11U0h0DPu7k

Stell deinen Fehler oder deinen Stress in einen größeren Zusammenhang, indem du dir sagst: „Niemand ist perfekt, das kann jedem passieren."

Wenn es dir so geht wie mir, dann ist dein innerer Kritiker häufig auch die lauteste innere Stimme. Bei dem Geschnatter in unserem Kopf, müssen wir dann der Stimme unseres Selbst-Mitgefühls bewusst mehr Raum geben und lernen freundlicher und fürsorglicher mit uns selbst umzugehen. Wenn wir das einmal verinnerlicht haben, können wir uns glücklich schätzen, weil wir ja immer da sind, um uns selbst gut zuzureden und aktiv zu trösten.

Was Selbst-Mitgefühl nicht ist:

- ❑ **Selbst-Mitleid:** Wer in Selbst-Mitleid versinkt, bezieht alles auf sich, ist sehr egozentrisch (Warum passiert sowas immer nur mir?) und kann nicht sehen, dass es manchmal für uns alle hart sein kann.
- ❑ **Scharfe Verurteilung:** Durch häufig extrem kritische Selbstgespräche entsteht eine Art allumfassende negative Selbstverurteilung (Ich bin schlecht!). Selbst-Mitgefühl verurteilt nicht, sondern hilft mit mildem Blick die Situation differenziert zu betrachten.
- ❑ **Selbstgefällige Maßlosigkeit:** Wer aus lauter Frust dauerhaft maßlos übertreibt und sich zum Trost z. B. immer wieder mit Schokolade vollstopft, schadet sich auf lange Sicht. Sich hingegen manchmal bewusst etwas zu gönnen, kann sehr tröstlich sein.
- ❑ **Ausreden erfinden:** Wer sich aus der Verantwortung stehlen will, findet Ausflüchte für Fehler, die er nicht gerne zugibt („Ach! Ich bin auch nur ein Mensch."). Wenn du freundlich mit dir selbst umgehst, fällt es dir leichter zu deinen Fehlern zu stehen und die Verantwortung zu übernehmen. (vgl. "Remove Responsibility" aus dem Kapitel „Mit deinem Mindset fängt alles an")

Motivation durch (Selbst-)Mitgefühl

Gute Führungskräfte wissen es längst: Menschen lassen sich besser durch Lob und positive Verstärkung motivieren als durch harsche Kritik und ein Regime der Angst. Wenn einem Mitarbeiter ein Fehler passiert ist, kannst du dir in der Regel sicher sein, dass er mit sich selbst schon hart ins Gericht gegangen ist (zumindest dann, wenn das Konzept des Selbst-Mitgefühls noch nicht bekannt ist).

Fehler sind immer blöd, aber nicht mehr zu ändern, wenn sie erst mal passiert sind. Hören wir dann noch scharfe Kritik und werden womöglich vor versammelter Mannschaft bloßgestellt, sinkt unser Selbstbewusstsein und wir sind kaum noch handlungsfähig. In so einem Umfeld der Angst und Scham gehen unsere Kreativität und Lösungsorientierung verloren. Es dreht sich dann alles nur noch um das Vermeiden von Fehlern und das Wahren des Gesichts.

Daher ist in so einem Fall Mitgefühl für die betroffene Person besonders angebracht. Wir nehmen wahr, wie zerknirscht sie ist, bieten verständnisvolle und tröstende Worte an und vergewissern ihr, dass so etwas jedem mal passieren kann, und dass wir sie jetzt nicht für eine schlechte Mitarbeiterin oder einen schlechten Mitarbeiter halten. Wenn sich derjenige dadurch verstanden fühlt und keine Angst empfindet, ist er eher in der Lage sich wieder zu beruhigen und aus dem Fehler zu lernen, um ihn künftig zu vermeiden.

Was für andere gilt, gilt gleichermaßen auch für dich. Wenn du es schaffst, den inneren Kritiker in seine Schranken zu verweisen und dich selbst liebevoll zu beruhigen, sinkt dein Stresspegel schneller und du gewinnst wieder mehr Zutrauen in deine Lösungskompetenz. Es geht um Selbst-Akzeptanz trotz aller Fehler und Macken. Carl Rogers, US-amerikanischer Psychologe, wird zitiert mit „Das merkwürdige Paradox ist, dass ich mich erst ändern kann, wenn ich mich so akzeptiere, wie ich bin."

Wenn ich mich selbst beruhigen kann, fühle ich mich verbunden mit anderen und ich fühle mich sicher. Aus diesem sicheren Gefühl heraus kann ich viel bessere Entscheidungen für mich und mein Leben treffen. Meine Motivation steigt.

So grenzt Dr. Kirstin Neff die Begriffe Empathie, Mitleid und Mitgefühl ab:

Empathie:

Ich bekomme mit, wie es dir emotional geht. Aber es ist mir nicht zwingend wichtig, dass es dir gut geht. Ich könnte z. B. deine Nervosität mit meiner Empathiefähigkeit auch für meine Zwecke ausnutzen.

Mitleid:

Ich bekomme mit, wie es dir geht, und es ist mir wichtig, dass es dir gut geht.

Mitgefühl:

Ich bekomme mit, wie es dir geht, mir ist wichtig, dass es dir gut geht, und mir ist bewusst, dass es uns allen so gehen kann wie dir.

Selbst-Mitgefühl und Selbst-Fürsorge

Wer mitfühlend mit sich selbst umgeht, schafft es in kritischen Situationen, liebevoll zu reagieren und seinem inneren Kritiker – zumindest für den Moment – die Vormachtstellung zu nehmen. Selbst-Mitgefühl ist immer dann hilfreich, wenn etwas schiefgelaufen ist und wir dringend Trost und Zuspruch brauchen.

Selbst-fürsorglich sind wir, wenn wir aktiv dafür sorgen, dass es uns gut geht – bevor uns etwas passiert, bevor uns ein Fehler unterläuft, bevor wir gestresst sind – damit wir im Fall der Fälle mit unseren Herausforderungen besser umgehen können.

Selbst-Fürsorge können wir uns auf vier Ebenen zukommen lassen:

1. **auf körperlicher Ebene**
   Du versorgst deinen Körper mit allen Nährstoffen, die er braucht, bewegst dich ausreichend, ohne dich zu überlasten, sorgst für Entspannung durch ausreichend Schlaf und liebevolle Berührungen (intime Berührungen, Umarmung von Familie und Freunden oder Massagen).

2. **auf mentaler Ebene**
   Du beruhigst deinen Geist durch regelmäßige Meditationen oder Atemübungen, findest einen guten Umgang mit stressigen Situationen, akzeptierst alles, was ist und kannst auf Bewertungen verzichten, vermeidest über Vergangenes zu grübeln oder dir Sorgen um die Zukunft zu machen.

3. **auf emotionaler Ebene**
   Du lässt all deine Gefühle zu und schaffst es, sie weder zu unterdrücken noch verdrängen zu wollen. Indem du Menschen von Herzen vergibst, was sie dir in der Vergangenheit angetan haben, kannst du negative schädliche Emotionen loslassen (ohne dabei das Verhalten des anderen gutzuheißen!). Du bist in der Lage, einen optimistischen Blick auf deine Zukunft zu entwickeln.

4. **auf Beziehungsebene**
   Du umgibst dich mit Menschen, die dir guttun, die dich in deiner Entwicklung unterstützen und denen du vertraust. Auf der anderen Seite bringst du dich aktiv in die Gemeinschaft ein, bietest deine Hilfe an und bist da für Menschen, die Trost oder Unterstützung brauchen.

Wir wissen aus der zitierten Langzeitstudie, dass gute, stabile, vertrauensvolle Beziehungen der Schlüssel zu einem gesunden und glücklichen Leben sind. Was können wir selbst dazu beitragen, dass sich unsere Beziehungen verbessern?

Der Ton macht die Musik

Was unterscheidet glückliche Paare von solchen, die sich mit der Zeit auseinanderleben oder im schlimmsten Fall sogar gegenseitig emotionalen oder körperlichen Schaden zufügen? Der Beziehungsforscher John Gottmann konnte mit sehr hoher Wahrscheinlichkeit vorhersagen, ob ein Paar in drei Jahren noch zusammen sein würde. Dazu brauchte er nur ein Wochenende Zeit zur Beobachtung der Kommunikationsmuster.

Er fand in seinen Studien heraus, dass bei erfüllten Partnerschaften der Quotient von guten zu negativen Momenten bei 5:1 liegt. Dies sei die Voraussetzung, um langfristig eine glückliche Beziehung zu führen.[58] Damit bestätigt er die Forschungsergebnisse von Fredrickson und Losada, die ebenfalls einen Zusammenhang in dem Verhältnis von positiven zu negativen Momenten fanden, für das persönliche Glücksempfinden genauso wie in Teams. (vgl. Kapitel „Haushalte gut mit deiner Energie")

Natürlich gibt es auch bei glücklichen Paaren negative Momente, in denen die Kommunikation eher destruktive Botschaften enthält und vom kritischen Thema ablenkend wirkt. Entscheidend ist, dass die positiven Momente überwiegen. Sie senden energiegeladenere Botschaften und sind überwiegend sehr auf die andere Person fokussiert. Sie hören einander mit ganzer Aufmerksamkeit zu und interessieren sich intensiv dafür, wie es dem anderen auf emotionaler Ebene geht. Dadurch schaffen sie eine besondere Nähe. Selbst wenn das Thema traurig oder ärgerlich ist, empfinden beide diesen Moment als positiv. Einerseits fühlen sie sich verstanden und zugehörig, andererseits entsteht das befriedigende Gefühl jemandem zur Seite stehen zu können.

„Sozial-Aikido" – vom Umgang mit schwierigen Menschen

Eine besondere Herausforderung ist es, eine gute oder gelungene Beziehung zu jemandem aufzubauen, der dir unsympathisch ist, dich regelmäßig auf die Palme bringt, dauernd über etwas meckert oder mit sich selbst dauernd unzufrieden ist und schlechte Laune verbreitet.

In ihrem Buch „Die Macht der guten Gefühle" empfiehlt Fredrickson solchen Menschen gegenüber „Sozial-Aikido" zu betreiben. Die Idee: Wir versuchen die empfundene Negativität zu neutralisieren, die von unserem Gegenüber ausgeht, ohne uns oder dem anderen Schaden zuzufügen. So können wir versuchen, die Situationen zu modifizieren, uns auf andere Aspekte zu fokussieren oder sie neu zu bewerten. Hier die drei Ansatzpunkte im Detail:

---

[58]   Vgl. Fredrickson, 2011, S. 162.

1. **Situation modifizieren**
   Leider ist es uns ja nicht möglich, andere zu verändern, auch wenn wir noch so überzeugt sind, dass wir richtig liegen und der andere sich nur zu ändern bräuchte, damit es allen gut geht. Natürlich steht es uns immer frei, den Kontakt mit Personen, die uns unangenehm sind, einfach zu vermeiden. Das sollte aber wirklich nur der letzte Ausweg sein. (vgl. Energievampire aus Kapitel „Haushalte gut mit deiner Energie")

   Also heißt es, sich an die eigene Nase zu packen: Frage dich, ob du der negativen Grundhaltung der Person unbewusst irgendwie Nahrung gibst. Wie ist z. B. deine Meinung zu der Person? Glaubst du, dass der andere unqualifiziert ist? Hast du etwas gegen seine oder ihre Art zu führen? Glaubst du, du könntest es besser? Wie reagierst du, wenn ihr miteinander zu tun habt? Von oben herab? Verschlossen? Sarkastisch? Abwertend oder abweisend? Deine Vorurteile sind für den anderen im Zweifel sogar nonverbal spürbar. Achte deshalb auf deine Gedanken!

   Es gibt Leute und Situationen, die uns regelmäßig auf die Palme bringen. Meist reagieren wir darauf fast reflexartig in einer bestimmten Art und Weise. Der Kommunikationswissenschaftler Friedemann Schulz von Thun spricht in diesem Zusammenhang vom „Teufelskreis der Kommunikation"[59]. Die Aktion unseres Gegenübers nervt, verletzt oder macht uns wütend. Je nachdem wie wir die Situation bewerten, reagieren wir darauf entsprechend mit Augenrollen, beleidigten Antworten oder Gegenangriff – was den Anderen wiederum zu einer Reaktion veranlasst, die das Potenzial hat, noch mehr Öl ins Feuer zu gießen und die Situation weiter zu eskalieren.

   Wie wäre es, aus dem Teufelskreis einfach auszusteigen? Also anstelle vorhersehbar wie bisher negativ zu reagieren, versuche innezuhalten und empathisch zu verstehen, was in dem anderen wohl vorgehen mag. Stelle Fragen, anstatt zu reagieren, schenke Aufmerksamkeit, reagiere freundlicher oder warmherziger als erwartet und schau was passiert.

   Du könntest die Situation auch modifizieren, indem ihr gemeinsam etwas Inspirierendes unternehmt, oder darauf achtet, dass ihr in der kritischen Situation beide nicht zusätzlich noch Aufgaben erledigt, die euch nerven.

2. **Auf andere Aspekte fokussieren**
   Das, worauf wir uns fokussieren, wird mehr. Im Kapitel „Was macht ein zufriedenes Leben aus?" haben wir gesehen, dass wir nur 0,0004 Prozent unserer Umgebung bewusst wahrnehmen. Und wir hatten

---

[59] Schulz von Thun, Friedemann, Miteinander reden, 2, Stile, Werte und Persönlichkeitsentwicklung, Reinbek: Rowohlt, 2005, S. 29.

auch schon herausgearbeitet, dass wir es sehr wohl in der Hand haben, was wir bewusst wahrnehmen wollen.

Begegnen wir Menschen, die uns regelmäßig die Wände hochgehen lassen, braucht es häufig nicht viel, um wieder auf 180 zu kommen: „Da hat er schon wieder die Tür nicht richtig hinter sich zugemacht! Mir wird kalt!", „Sie zieht wieder ein Gesicht, als wäre die ganze Welt gegen sie. Ich kann das Gejammer nicht mehr ertragen!", „Sie redet wieder ohne Unterbrechung! Sieht sie denn nicht, dass ich mich hier konzentrieren will?" Es ist dann als würden wir förmlich darauf warten, dass der andere uns nervt.

In der akut nervigen Situation positive Aspekte der Person zu finden, ist sicher nicht so einfach. Falls du demjenigen künftig nicht ganz ausweichen kannst oder willst, hilft es deshalb, sich mit etwas Abstand auf die positiven Aspekte des anderen zu konzentrieren.

Arbeitest du zum Beispiel gerne sehr genau und bist erst mit 150 Prozent so richtig zufrieden, dann wird dich jemand besonders nerven, der von einer Idee zur nächsten springt, dessen Schreibtisch aussieht, als wäre eine Bombe eingeschlagen und der der Ansicht ist, 80 Prozent in letzter Sekunde abzuliefern wäre absolut ok. Wahrscheinlich musst du auf der anderen Seite aber neidlos anerkennen, dass diese „nervige" Person wahnsinnig kreativ und kommunikativ ist, super flexibel auf Veränderungen reagiert und nie den Humor verliert.

Oder bist du jemand, der gerne an einem kniffligen Problem arbeitet und sich dafür so lange zurückzieht, bis eine Lösung gefunden, eine Präsentation erstellt oder eine Auswertung gemacht ist? Dann wird dich jemand besonders nerven, der gefühlt ständig in der Kaffeeküche quatscht, dem es wichtiger zu sein scheint, mit wem er arbeitet, als was und der ständig Bestätigung braucht, ob es okay war, was er gemacht hat. Wahrscheinlich ist allerdings das Netzwerk der Kollegin riesig: Sie weiß vor allen anderen von der nächsten Restrukturierung und hat kein Problem, sich ans Telefon zu hängen, um einen Ansprechpartner für euer Problem zu finden.

Wenn es dir gelingt, auf die positiven Aspekte deines Gegenübers zu achten, sie wertzuschätzen und zu loben, wird sich eure Stimmung rasant verbessern. Wenn ihr euch eurer Gegensätze bewusst seid und die Stärken aller Charaktere nutzt, seid ihr als Team unschlagbar. Jeder macht (idealerweise) nur, was er besonders gut kann, der andere macht das, was mir schwerfällt, und alle sind glücklich!

3. **Neu bewerten**
Manchmal möchte man sich ja auch einfach aufregen! Es ist so leicht,

über andere zu schimpfen und auf deren Unzulänglichkeiten herumzu-
reiten. Wir fühlen uns dann als etwas Besseres. Wir glauben, dass wir
die Dinge besser im Griff haben und sind überzeugt: Ohne uns geht es
nicht. Die Energie, die wir in solchen Momenten generieren, ist meist
negativ, wenig produktiv und hat das Potenzial, eine Beziehung eher zu
zerstören als eine gute Beziehung aufzubauen.[60]

Die Zen-Meisterin Charlotte Joko-Beck wird zitiert mit: „Das Leben
gibt uns genau den Lehrer, den wir in diesem Augenblick benötigen."[61]
Ich lade dich deshalb ein, die Situationen, in denen du denkst, der andere ist „schwierig", als persönliche Entwicklungschance neu zu bewerten. Welche Talente hat die „nervige" Person, die dir fehlen? Was lehrt
sie dich, und zwar mit all ihren Eigenschaften?

Oder werte die Situation als eine besondere Form der Achtsamkeits-
übung. Spüre in deinen Körper, achte auf deine Emotionen und gib
ihnen eine Bezeichnung. Wo genau spürst du deinen Ärger, deine Wut
oder deine Ungeduld? Wie ist deine Atmung? Wie schlägt dein Herz?
Fängst du an zu schwitzen? In dieser Beobachtung deiner Reaktionen
auf die Situation liegt deine Chance, dich wieder zu beruhigen. Und
aus der Ruhe heraus ist es dir wieder besser möglich, positiv auf die
andere Person zuzugehen und die Beziehung zu festigen.

Zuhören ist mehr als hören

Stell dir vor, du sitzt in einem angesagten Café und liest in einem spannenden
Buch. Um dich herum sind alle Tische besetzt und alle reden gegen die laute
Musik aus den vielen Lautsprechern an. Das Stimmengewirr blendest du so
lange komplett aus, bis du deinen Namen hörst. Sofort schaust du auf, um zu
herauszufinden, woher die Stimme kommt und wer dich gerufen hat.

Ich hatte mal einen Kollegen im Zweierbüro, der extrem fokussiert sein konnte.
Wenn ich mit ihm sprechen wollte, musste ich häufig dreimal seinen Namen
rufen, bevor er überhaupt wieder „auftauchte". Je nachdem, wie fokussiert du
gerade bist, kommt die Stimme bei dir so an, wie die des Lehrers von Charlie
Brown – als Geblubber aus dem Off.

Hören ist also noch nicht gleichzusetzen mit bewusstem Wahrnehmen und
schon gar nicht mit dem inhaltlichen und emotionalen Verstehen. Das kann
erst gelingen, wenn ich wirklich ZU-höre.

---

60   Vgl. Fredrickson, 2011, S. 210–213.
61   Vgl. Fredrickson, 2011, S. 191.

1. Aktiv Zuhören

Ursprünglich entwickelt wurde das „aktive Zuhören" als Kommunikationswerkzeug im Rahmen von therapeutischen Beziehungen. Carl Rogers verfolgte damit das Ziel, eine gute Beziehung zu seinen Klienten aufzubauen, ihnen wohlwollend auf Augenhöhe zu begegnen und gegenseitiges Vertrauen herzustellen.

Diese Ziele verfolgen wir in der Regel auch, wenn wir – privat wie beruflich – vertrauensvolle Beziehungen eingehen wollen. Daher hat das Modell auch Einzug in Kommunikationsschulungen genommen. Was also ist „aktives Zuhören"?

Wenn du _aktiv_ und _empathisch_ zuhörst, stellst du dein Gegenüber absolut in den Fokus. Deine Aufmerksamkeit ist ungeteilt. Du nimmst die verbale und nonverbale Kommunikation bewusst wahr. Wie ist die Stimmung? Welche Emotionen nimmst du wahr? Was ist das Thema, oder das dahinter liegende Problem? Du bleibst bewusst bei dem anderen. Du stellst Fragen, die dem anderen helfen, sich seiner Emotionen bewusster zu werden. Oder du stellst inhaltliche Verständnisfragen. Vielleicht bietest du auch mal vorsichtig deine Interpretationen an, indem du mit eigenen Worten wiedergibst, was du verstanden hast. So stellst du fest, ob du dich richtig eingefühlt hast und beugst eventuellen Missverständnissen vor.

Aktiv zuzuhören bedeutet auch, die eigenen Emotionen wahrzunehmen und dabei dem Impuls zu widerstehen, den Fokus auf sich selbst zu verlagern. Nach dem Motto: „Ah, ich weiß genau, wie du dich fühlst. Mir ging es ganz genauso als ich …"

Aktiv und empathisch zuzuhören ist allerdings eine ganz besondere Herausforderung, wenn du selbst emotional sehr beteiligt bist. Wenn z. B. Vorwürfe im Raum stehen, du dich nicht gesehen fühlst oder traurig bist. Wenn du es dann aber schaffst, ganz beim Anderen zu bleiben und wirklich herausfinden zu wollen, was dessen Gefühle und die dahinter liegenden Bedürfnisse sind, kann das sehr deeskalierend wirken und die Beziehungen festigen.

Wenn du aktiv und empathisch zuhören möchtest, widerstehe dem Drang, selbst zu reden und in eines der folgenden typischen Reaktionsmuster zu fallen:

- ❑ Ratschläge zu geben: „Du solltest…",
- ❑ Noch eins drauf zu setzen: „… Aber weißt du, was mir Schlimmes passiert ist?!",
- ❑ Zu belehren: „Das musst du so und so machen, damit du …",
- ❑ Zu trösten: „Das ist nicht deine Schuld. Du hast alles getan."Eigene Geschichten zum Besten zu geben: „Das erinnert mich an …",
- ❑ Über den Mund zu fahren: „Reiß dich mal ein bisschen zusammen.",

- ❏ Zu bemitleiden: „Oh jeee, du Arme!".
- ❏ Zu verhören: „Wann hat das angefangen?",
- ❏ Erklärung abzugeben: „Ich wäre ja hingegangen, aber …",
- ❏ Zu verbessern: „Das habe ich ganz anders in Erinnerung."[62]

Wenn wir so reagieren, haben wir meist den Wunsch, die Situation wieder in Ordnung bringen zu wollen. Wir möchten, dass es dem anderen schnell wieder besser geht und suchen nach Lösungen für dessen Probleme. Es geht beim aktiven Zuhören auch nicht darum, nach Ursachen zu forschen und in der Vergangenheit zu „kramen", denn das hält den Fokus weiter auf dem Problem. Hilfreicher sind Fragen, die darauf abzielen, die Gefühle und die Bedürfnisse des anderen zu erkennen.

Wenn du dich selbst sehr zurücknehmen kannst, während du mit deiner Aufmerksamkeit voll beim anderen bist, hat das den Effekt bei deinem Gegenüber, dass er sich selbst reden hört und sich auf diese Weise seiner Emotionen bewusster wird. Häufig reicht das schon, um eine Lösung für ein Problem zu finden, oder den Ärger verpuffen zu lassen. Wer sich so verstanden fühlt, baut Vertrauen auf und die Beziehungen festigen sich.

Wofür aktives Zuhören nützlich ist:

- ❏ Verminderung von Missverständnissen,
- ❏ Verbesserung zwischenmenschlicher Beziehungen,
- ❏ Verbesserung von Problemlösungen,
- ❏ Einfachere Verhaltenskorrektur,
- ❏ Lernen durch Feedback,
- ❏ Förderung der Empathie.

2. Aktiv-Konstruktiv Zuhören

Du kennst das vielleicht: Du hast ein lang verfolgtes Ziel erreicht, z. B. nach langen Verhandlungen einen Vertrag mit einem neuen Kunden abgeschlossen, und jetzt platzt du fast vor Stolz und Glück. Am liebsten würdest du jedem davon erzählen, und du hast das Gefühl, die ganze Welt umarmen zu wollen.

Als erstes triffst du dich mit deiner besten Freundin Marie auf einen Kaffee. Sie ist total begeistert und freut sich so intensiv mit dir, dass man meinen könnte, es wäre ihr eigener Erfolg. Sie strahlt über ihr ganzes Gesicht und hängt förmlich an deinen Lippen, während du ihr all die Fragen beantwortest, die sie

---

[62]   Vgl. Rosenberg, Marshall B: Gewaltfreie Kommunikation: eine Sprache des Lebens; gestalten Sie Ihr Leben, Ihre Beziehungen und Ihre Welt in Übereinstimmung mit Ihren Werten, Paderborn: Junfermann, 2004, S. 114.

immer weiter stellt. Marie will alles ganz genau wissen und findet, dass du das wirklich toll gemacht hast und den Erfolg verdienst.

Auf dem Weg nach Hause triffst du – supergut gelaunt – deine alte Schulfreundin Leonie. Ihr kennt euch schon ewig und habt viele Höhen und Tiefen gemeinsam erlebt. Als du ihr von deinem Erfolg erzählst, sagt sie anerkennend so etwas wie: „Ach super. Glückwunsch!" Aber von der Begeisterung und der Energie aus deinem ersten Gespräch mit Marie fehlt hier jede Spur. Als du weiter gehst, merkst du, dass deine Laune nicht mehr ganz so gut ist. Und obwohl Leonie dir zwar gratuliert hat, hattest du nicht so ein Gefühl der Verbundenheit wie mit Marie.

Zu Hause angekommen stellst du erst mal den Champagner kalt und freust dich, abends endlich deinem Partner von deinem Erfolg erzählen zu können. Tobias ist in der letzten Zeit allerdings super gestresst und arbeitet meist 60 Stunden und mehr in der Woche. Als die Wohnungstür aufgeht, siehst du eigentlich schon, dass es heute Abend kein guter Moment ist, von deinem Erfolg zu erzählen. Du tust es aber trotzdem.

Dabei hast du schnell das Gefühl, er hört dir gar nicht richtig zu. Tobias schaut immer wieder auf sein Handy, steht mitten in deiner Erzählung auf, holt sich eine Flasche Bier und setzt sich damit vor den Fernseher. Als du fertig erzählt hast und ihn erwartungsfroh anschaust, sagt er nur: „Hm, ich hatte heute echt einen Scheißtag, Schatz! Du glaubst gar nicht, wie bescheuert mein Chef ist …" und schaltet seine Serie ein. Gespräch beendet!

Völlig frustriert lässt du den Champagner da, wo er ist, und rufst deine Mutter an, um ihr von deinem tollen Erfolg zu erzählen. Noch während du erzählst, hörst du so etwas wie „Ach du lieber Himmel! Kind, hoffentlich übernimmst du dich da nicht! Meinst du wirklich, du schaffst das alles? Tobias hat jetzt schon so viel Stress, da musst du doch jetzt nicht auch noch so viel arbeiten. Wie schaffst du denn dann noch den Haushalt?"

Nach dem Gespräch mit Tobias und deiner Mutter bist du völlig ermattet und die Freude von heute Morgen ist nur noch eine blasse Erinnerung. Gut, dass du deine Freundin Marie zu jeder Zeit anrufen kannst. Sie muntert dich voller Mitgefühl ganz sicher wieder auf.

Wie wurde reagiert?

Marie aus unserem Beispiel hat aktiv und konstruktiv, also aufbauend mit dir kommuniziert. Die vielen Fragen, die sie gestellt hat, haben dich noch mehr in die Lage versetzt, dir des Erfolgs bewusst zu werden und dich selbst als wertvoll zu erleben. Sie hat dein Selbstbewusstsein genährt und mit ihrer Begeisterung deine positiven Emotionen weiter verstärkt. Nach dem Gespräch fühlst du dich voller Energie und könntest Bäume ausreißen.

Aktiv war auch die Mutter in diesem Beispiel. Allerdings wirkt sie mit ihren Bedenken und Einwänden eher destruktiv und niederschmetternd. Sie sät Zweifel in dir, schwächt dein Selbstvertrauen und macht dir ein schlechtes Gewissen Tobias gegenüber. So reagieren echte Energievampire. Sie sehen nur die negative Seite der Medaille und vermiesen dir die Freude nachhaltig. Nach solchen Begegnungen brauchst du Zeit dich zu erholen und am besten eine Marie, die dich wieder aufbaut. (Nur ein Beispiel! – Mütter sind Gott sei Dank nicht immer so! Energievampire schon!)

Deine alte Schulfreundin Leonie hat genau wie Marie konstruktiv mit einem durchaus herzlichen Glückwunsch reagiert. Hier fehlte allerdings die Begeisterung und sie zeigte kein echtes Interesse, auch wenn es vielleicht da gewesen ist. Sie hat eher passiv reagiert und dich mit einem seltsamen Gefühl und vielen Fragen zurückgelassen. War heute bei Leonie irgendetwas nicht ganz in Ordnung? Hätte ich sie fragen sollen? War ich zu egoistisch? Gönnt sie mir den Erfolg nicht? Interessiert sie sich überhaupt dafür? Leonie hat deinem Gedankenkarussell jedenfalls viel Schwung gegeben.

Der gestresste Tobias hatte an dem Abend gar keine Kapazität euphorisch zu sein. Er reagierte passiv und destruktiv. Er stellte keine Fragen, war unkonzentriert und abwesend. Ein Gespräch ist gar nicht zustande gekommen, es gab keinen Augenkontakt und das abrupte Ende vor dem Fernseher hat dich sehr verletzt, traurig oder wütend gemacht.

Wir haben schon über die Energievampire gesprochen, die uns energetisch total auslaugen können. Wenn es uns schlecht geht, schaffen sie es, dass es uns noch schlechter geht. Wenn es uns gut geht und wir allen Grund zum Feiern haben, finden sie das sprichwörtliche Haar in der Suppe und vermiesen uns unseren Erfolg.

	Konstruktiv	Destruktiv
Aktiv	Marie	Mutter
Passiv	Leonie	Tobias

Vermutlich kennst du selbst tatsächlich einen, wenn nicht alle vier geschilderten Charaktere bzw. Formen des (Nicht-)Zuhörens. Spannende Frage: Bist du selbst manchmal Marie, Leonie, Tobias oder die Mutter – und in welchen Situationen gerätst du jeweils in diese Rolle? Wenn du das herausfindest, hast du die Möglichkeit zu wählen, wie du selbst zuhörst, und du kannst deine Beziehungen verbessern.

Positive Momente schaffen

Wer, wie Marie im Beispiel aktiv und konstruktiv reagiert,

- zeigt Begeisterung,
- bekundet durch viele Fragen sein echtes Interesse,
- intensiviert die positiven Momente durch positive Verstärkung,
- schafft positive Verbindung durch Empathie (auch in emotional belasteten Situationen),
- lächelt und
- hält Augenkontakt.

Die Vorteile solch aktiv-konstruktiver Reaktionen liegen klar auf der Hand: Sie stärken mittel- und langfristig die Beziehungen, indem du positiv und mit Energie auf die Erlebnisse und Erfahrungen anderer reagierst. Zusätzlich schaffen sie mehr Zugehörigkeitsgefühl, Wohlbefinden und Lebenszufriedenheit – für beide Seiten! Und schließlich zählen sie zu den positiven Momenten in der Kommunikation, so dass du dem angestrebten 5:1 bzw. 3:1 Quotienten näherkommst.

Gehören Kommunikationsfähigkeit und Einfühlungsvermögen nicht zu deinen Talent-Leitmotiven (vgl. Kapitel „Setze deine Stärken bewusst ein"), so kannst du mit der „Technik" des aktiv-konstruktiven Zuhörens dieses Fehlen gut ausgleichen. Deine Beziehungen werden davon sehr profitieren.

Auch in hierarchischen Verhältnissen kommt es auf eine gute Beziehungsebene an. Daneben gilt es aber, auch die Sachebene nicht aus den Augen zu verlieren.

Fördern und Fordern

Jeder Mensch ist in gewisser Weise eine Führungskraft – und wenn es nur darum geht, sich selbst zu führen. Neben der „formalen" Führung etwa als Chef, Projektleiter oder Elternteil kannst du auch informell führen. Führung entsteht sozusagen in der Kaffeeküche oder bei Versammlungen jeder Art, in denen es keinen offiziellen Chef gibt.

Würdest du dich eher als beziehungsorientiert oder eher als sachorientiert bezeichnen? Was ist aus deiner Sicht die bessere Orientierung für eine gute Führungskraft? Wenn du ausschließlich beziehungsorientiert führst, liegt dein Fokus auf den Menschen in deinem Umfeld. Führst du sachorientiert, stehen die Ergebnisse an oberster Stelle. Gute Führung braucht aber tatsächlich beides. Es gilt, die beiden Ebenen in guter Balance zu halten, damit einerseits das Team als solches gut gedeiht und andererseits die Ergebnisse auch in der vereinbarten Qualität abgeliefert werden. Es geht also um Fördern _und_ Fordern.

Beim Fördern steht der Mensch im Mittelpunkt

Es geht um Zugehörigkeit, gute Stimmung im Team, um das harmonische Miteinander.

Die Motivation dahinter?

- ❑ Potenziale entdecken und entwickeln,
- ❑ an den Menschen glauben,
- ❑ Emotionen wahrnehmen und verstehen,
- ❑ wertschätzen,
- ❑ Vertrauen entgegenbringen und
- ❑ Erfolge feiern.

Beim Fordern steht das Ergebnis im Vordergrund

Hohe Ansprüche schubsen die Menschen aus ihrer Komfortzone, ermöglichen es über sich hinaus zu wachsen und etwas zu lernen.

Die Motivation dahinter?

- ❑ An den Herausforderungen wachsen,
- ❑ sinnvolle Arbeit leisten,
- ❑ Stolz auf Ergebnisse empfinden,
- ❑ den Wettbewerb genießen,
- ❑ Hochleistung erbringen und
- ❑ an der Sache orientiert zu sein.

Beim Konzept „Fördern und Fordern" geht es also nicht um entweder-oder, sondern um beides zugleich. Wir haben es hier wieder mit den zwei menschlichen Grundbedürfnissen zu tun: Dem Wunsch nach Zugehörigkeit (Fördern) und der Sehnsucht, über sich hinauswachsen zu können (Fordern).

Beides ist also gleichermaßen wichtig. Wer es schafft, beides in Balance zu halten, wird in diesem Konzept als „Freund" bezeichnet. Doch schwierig wird es, wenn als „Über-Förderer" zu viel gefördert oder als „Über-Forderer" zu viel gefordert wird oder beides zu wenig geschieht.

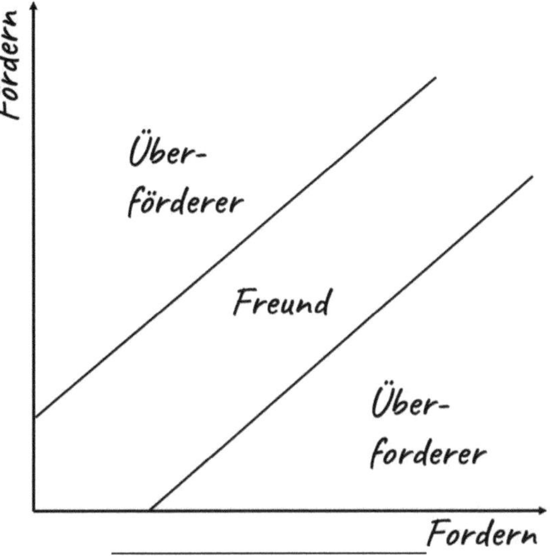

Abbildung 8: Fördern und Fordern

1. Der „Freund"

Kann eine Führungskraft sehr situativ sowohl fördern als auch fordern, sprechen wir im Rahmen dieses Konzepts vom Freund. Bei ihm steht einerseits der Mensch mit seinen Potenzialen im Fokus, und er findet Aufgaben, die den Stärken des Einzelnen entsprechen. Sie sind so gestaltet, dass sie herausfordern, aber nicht über- oder unterfordern. Andererseits behält der Freund die Ergebnisse immer im Blick und stellt sicher, dass sie erreicht werden. Etappenziele werden gefeiert und das Team erfährt Wertschätzung, Lob und Dank, gerne auch öffentlich auf Betriebsversammlungen oder zu anderen Anlässen – nach dem Motto: Tue Gutes und rede darüber. Und wer hart arbeitet, kann auch hart feiern.

2. Der „Über-Förderer"

Wenn jemand zu sehr fördert, gerät die Balance in eine Schieflage. Dann geht die ganze Energie in das Team und zu den einzelnen Individuen. Die gute Stimmung ist wichtiger als die Ergebnisse, Entschuldigungen werden umstandslos akzeptiert und im Falle des Scheiterns, nimmt der Über-Förderer die ganze Schuld auf sich. Steigt der Druck im Team, übernimmt er selbst die Aufgaben: Er arbeitet bis spät in die Nacht und am Wochenende, um das Team zu schonen. Die Teamergebnisse bleiben hinter den Erwartungen und dem vorhandenen Potenzial weit zurück. Es fehlt die Energie des Forderns.

Tipps für den Über-Förderer:

- ❏ setze Grenzen,
- ❏ traue deinem Umfeld mehr zu,
- ❏ mache dich selbst abkömmlich,
- ❏ Achtung vor Energievampiren.

3. Der „Über-Forderer"

Stehen die Ergebnisse zu jeder Zeit im Vordergrund, kommt es zu einem permanenten Über-Fordern des Teams. Konflikte werden – koste es, was es wolle – ausgetragen und konfliktscheu wird als Schwäche und Unfähigkeit der Menschen ausgelegt. Die Ergebnisse werden ganz selbstverständlich erwartet. Daher bleiben Wertschätzung, Lob und Dank meist auf der Strecke. Wer über-fordert, erwartet jederzeit, dass die Dinge erledigt werden. Beim Scheitern werden die Menschen zur vollen Verantwortung gezogen, Rückendeckung gegenüber Dritten ist vom Über-Forderer nicht zu erwarten. Was hier fehlt ist die Energie zum Fördern.

Tipps für den Über-Forderer:

- ❏ arbeite an deiner Mitarbeiterbindung durch Empathie, Verantwortung, Beziehung, Verständnis, Achtsamkeit, Wertschätzung,
- ❏ feiere die Erfolge,
- ❏ kommuniziere aktiv-konstruktiv.

Das Konzept des Förderns und Forderns kann auch auf andere Systeme übertragen werden, z. B. Elternteile die über-fördern und ihren Kleinen alle Pflichten abnehmen, damit die Stimmung gut bleibt oder um sie vor Fehlern zu beschützen. In der Folge können die Kinder sehr unselbstständig und ängstlich werden, weil sie sich nichts zutrauen. Eltern die über-fordern, haben nur das Ergebnis im Fokus und finden keinen Zugang zu den Gefühlen – weder zu den eigenen noch zu denen der Kinder. Leistung ist das Einzige, was zählt und was zur ersehnten Aufmerksamkeit verhelfen kann. Und je nachdem, in welchem Umfeld du groß geworden bist, gelingt es dir mehr oder weniger gut, deine Grenzen zu ziehen.

Grenzen ziehen und Konflikte eingehen

Manchmal merken wir erst im Nachhinein, dass jemand unsere Grenzen überschritten hat. Wir haben uns eine Aufgabe aufschwatzen lassen, die nicht in unser Zeitbudget passt oder für uns nicht wirklich zielführend ist. Wir entschuldigen einen Zulieferer, der eine wichtige Deadline gerissen hat, so dass wir jetzt vor dem Kunden schlecht dastehen. Wir verzeihen unserem Partner, der versprochen hat, die Kinder abzuholen und jetzt kurzfristig andere Prioritäten setzt.

Doch es ist absolut legitim für die anderen, deine Grenzen immer wieder auszutesten und dich um einen Gefallen oder um Unterstützung zu bitten. Du kannst nicht erwarten, dass Andere deine Gedanken lesen können, deinen Kalender kennen und automatisch wissen, was deine Prioritäten sind.

Um Grenzen setzen zu können, musst du dir deshalb selbst erst einmal kristallklar darüber werden, was dir wichtig ist, was du nicht diskutieren wirst und wo du persönlich hinwillst (vlg. Kapitel „Kennst du dein persönliches „Warum?"). Es geht dabei auch darum, selbstbestimmt über dein Zeitbudget zu verfügen. Anderen zu helfen macht einerseits sehr zufrieden und trägt zu deinem Wohlbefinden bei. Doch wie spontan muss deine Hilfe sein? Denn schon ein kleines „Kannst du mal eben …" kann deine Tagesplanung ganz schön durcheinanderwirbeln. Und wenn dir deine persönlichen Prioritäten nicht bewusst sind, passiert es dir schneller, dass du „mal eben" etwas für den anderen tust und deine Ziele heute hinten anstehen müssen. Bist du dir aber klar, fällt es dir leichter ein klares „Nein" auszusprechen.

Im nächsten Schritt ist es daher essentiell, dein Umfeld über deine Grenzen in Kenntnis zu setzen und klare Erwartungen an dein Gegenüber zu formulieren. Nicht immer ist es notwendig, auch die Gründe offenzulegen; es hilft dem Anderen aber ungemein, deine Grenzen oder dein „Nein" leichter zu akzeptieren. Wenn du merkst, dass deine Grenzen respektiert werden, freu dich und verstärke das Verhalten positiv, indem du dich dafür bedankst und lobst.

Richtig spannend wird es in der Kommunikation aber doch erst, wenn es nicht läuft. Wenn es also de facto etwas zu kritisieren gibt, weil Deadlines nicht eingehalten werden oder die Qualität der Arbeit nicht den Anforderungen genügt. Kurz, wenn Grenzen überschritten werden. Werden sie sogar wiederholt überschritten, tauchen zwischenmenschliche Schwierigkeiten auf, ob du willst oder nicht.

Steht so ein Konflikt im Raum, stellt das eine emotionale Belastung oder Stress dar. Instinktiv wollen wir mit Flucht oder Kampf reagieren. Geh nicht einfach über eine Grenzüberschreitung hinweg in der Hoffnung, dass es beim nächsten Mal sicher klappen wird. Konsequenzen sind gefragt! Es geht in der anstehenden Auseinandersetzung nicht um Strafen oder ein „Wie du mir, so ich dir.", sondern mache deutlich, dass deine Grenze überschritten wurde und dass du das so nicht akzeptierst.

Setz dich mit dem Menschen zusammen, formuliere erneut deine Erwartungen und vereinbare Konsequenzen. Ganz wichtig: Vereinbare nur solche Konsequenzen, die du auch tatsächlich einhalten kannst und willst! Lass eine Grenzüberschreitung in keinem Fall unkommentiert! Geh die notwendigen Konflikte ein –, weil du es dir wert bist!

Die richtigen Leute einstellen

Ich wünsche dir, dass du als Solo-Preneur, Unternehmerin oder Führungskraft schon bald an deine Grenzen stößt und dein Unternehmen oder deine Abteilung zu wachsen beginnt. Dann heißt es, langsam ein Team aufzubauen und insbesondere jene Aufgaben zu delegieren, für die du selbst keine Expertin bist und die dir vielleicht weniger liegen. Da draußen gibt es Menschen, denen genau das viel Spaß macht!

- ❑ Schau dir deinen Arbeitsalltag an und finde heraus, welche Aufgabenpakete du delegieren kannst. Und delegieren heißt dann auch wirklich loslassen!
- ❑ Mach dir bewusst, welche Persönlichkeitstypen in deinem Team arbeiten und suche nach einer guten Ergänzung für dich bzw. euch: jemand, der mit seinen Talenten Schwächen ausgleicht und über Stärken verfügt, die fehlen. Intuitiv möchtest du dich vielleicht nur mit Menschen umgeben, die genauso ticken wie du, nach dem Motto „Schmidt sucht Schmidtchen". Dann hast du allerdings nur mehr vom selben an Bord, und die Aufgaben, die für dich oder euch unangenehm sind, bleiben liegen oder werden nur halbherzig erledigt.
- ❑ Kennst du deine Zielgruppe? Weißt du, wie du deinen Kunden dienen kannst? Wie soll sich dein Unternehmen entwickeln? Ist das einmal klar, hast du schon viel in der Hand, denn: „Wenn die Vision überzeugend genug ist, werden die Menschen ihr bestes Denken und ihre Bemühungen einsetzen, um sie zu verwirklichen, ungeachtet der Hindernisse und Widerstände."[63] Mit einer starken Vision ziehst du auch die richtigen Menschen an, die mit dir und für dich arbeiten möchten.
- ❑ In Einstellungsgesprächen und bei der Auswahl von Projektmitarbeitern ist es wichtiger, dass die Haltung zum Team und zur Aufgabe passt, als dass gleich die Kompetenz hundertprozentig stimmt. Denn Kompetenzen lassen sich schneller vermitteln als eine Haltung oder ein Mindset.
- ❑ Aus dem Grund ist es im Zweifel besser, die Beziehungsebene in den Vordergrund zu stellen.

Ist deine Vision überzeugend und klar und sind die richtigen Leute beisammen, bringen sie sich in kurzer Zeit das benötigte Expertenwissen selbst bei – und dein Traum-Business wird florieren!

• • • • • • • • • ● • • • • • • • • •

---

[63] Hyatt, Michael: The Vision-Driven Leader, 10 Questions to focus your questions, energize your team, and scale your business, Grand Rapids, MI: Baker Books, 2020, S. 18.

Stärke die Unternehmerin in dir!

Laut Gerald Hüther haben wir Menschen ja zwei essentielle Grundbedürfnisse – einerseits über sich hinaus wachsen zu wollen und sich andererseits verbunden zu fühlen. Als Unternehmerin wirst du ganz sicher jeden Tag an deinen Herausforderungen weiterwachsen und dein volles Potenzial entfalten.

Verliere allerdings auf deinem Weg nicht die Menschen in deinem Umfeld aus den Augen, deine Familie, deine Freunde, dein Team. Doch gute Beziehungen zu pflegen, braucht viel Zeit und Zuwendung – und das fängt damit an, dass du gut zu dir selbst bist und auf dich, deine Gesundheit und deine Emotionen achtest.

Es kann vorkommen, dass sich nicht all deine bisherigen Wegbegleiter für deine aktuelle Entwicklung begeistern können. Das ist auch total in Ordnung und verrät im Grunde insbesondere viel über deren Ängste, die sie auf dich projizieren. Versuche einen guten Umgang mit deinen Skeptikern zu finden und lass dich nicht verunsichern. Durch aktiv-konstruktives Zuhören entdeckt ihr möglicherweise die dahinterstehenden Gefühle und Bedürfnisse und könnt eure Beziehung auf ein neues Level heben.

Du musst nicht unbedingt schon eigene Mitarbeiterinnen und Mitarbeiter führen, um von dem Konzept des Förderns und Forderns zu profitieren. Immer dann, wenn es darum geht, gemeinsame Pläne umzusetzen oder Aufträge an Dienstleister zu vergeben, gilt es als „Freund" beides in der Waage zu halten. Das stärkt die Beziehungen und sichert den Erfolg. Bleiben allerdings die vereinbarten Ergebnisse aus, gilt es, Grenzen zu ziehen und die Erwartungen erneut und deutlich zu konkretisieren und ggf. die Konsequenzen dann auch rigoros durchzusetzen.

Wenn du dein Team vergrößerst, achte insbesondere darauf, dass die Bewerberin das richtige Mindset mitbringt. Deckt sich deine Vision mit den persönlichen Zielen der Kandidatin? Je besser das passt, desto höher wird die Motivation sein, das Beste zu geben und im Unternehmen zu bleiben.

Reflexionsfragen

- ❑ Was magst du selbst besonders gern an dir?
- ❑ Worauf bist du stolz?
- ❑ Wann gehst du selbst möglicherweise zu hart mit dir ins Gericht?
- ❑ Wie verhältst du dich, wenn du einen Fehler machst?
- ❑ Wie hältst du es überhaupt mit deinem inneren Kritiker?
- ❑ Welche Menschen empfindest du als „schwierig"? Und Warum?
- ❑ Wie ist deine Haltung zu diesen Menschen? Wertest du?
- ❑ Wie leicht fällt es dir zuzuhören?

- ❑ Kannst du deine Ratschläge für dich behalten, bis du explizit danach gefragt wirst?
- ❑ Kannst du dich für andere freuen und ihnen deine Begeisterung zeigen?
- ❑ Bist du eher sachorientiert, personenorientiert oder beides gleichermaßen?
- ❑ Bist du empathisch?
- ❑ Bist du an der Entwicklung anderer interessiert?
- ❑ Bist du wettbewerbsorientiert?
- ❑ Feierst du Erfolge? Wie?
- ❑ Wie reagierst du unter Druck?
- ❑ Kannst du gut delegieren? Oder machst du die Arbeit lieber selbst, insbesondere wenn die Zeit knapp wird?
- ❑ Wo in deinem Leben (privat / beruflich) bist du dir deiner Grenzen nicht bewusst (genug)?
- ❑ Werden deine persönlich definierten Grenzen verletzt?
- ❑ Wie kannst du deine Grenzen klarer ziehen und besser kommunizieren?
- ❑ Welche Stärken fehlen dir in deinem Team?

Verbessere deine Beziehungen: das Wichtigste in Kürze

- ❑ **Wissenschaft der Liebe:** „Happiness is Love. Full Stop!" Weder Ruhm, Reichtum noch Leistung machen so nachhaltig glücklich wie die Verbundenheit, die in gut gepflegten, sicheren Beziehungen (Partnerschaft, Familie, Freunde) entsteht. Selbst-Liebe und Selbst-Mitgefühl bilden die Basis für gelingende Beziehungen.
- ❑ **Der Ton macht die Musik:** Im Umgang mit „schwierigen" Menschen, können wir Situationen modifizieren, neu bewerten und uns auf andere Aspekte fokussieren, um zu deeskalieren. Wer aktiv-konstruktiv zuhört, schafft positive Momente und echte Verbundenheit. Das führt für beide Seiten zu einem größeren Zugehörigkeitsgefühl, Wohlbefinden und einer höheren Lebenszufriedenheit.
- ❑ **Fördern und Fordern:** Wer das Fördern und Fordern in der Waage hält, schafft es, dass einerseits sein Team nicht ausbrennt und andererseits die Ergebnisse auch in der vereinbarten Qualität abgeliefert werden. Erfolge werden gefeiert; das Klima ist angstfrei und lösungsorientiert.
- ❑ **Grenzen ziehen und Konflikte eingehen:** Seine eigenen Grenzen zu kennen, sie klar zu kommunizieren und auf deren Einhaltung zu bestehen, ist die Basis für gute Beziehungen. Werden deine Grenzen überschritten, glaube nicht „Beim nächsten Mal klappt es bestimmt!", sondern gehe die notwendigen Konflikte ein, weil du es dir wert bist!
- ❑ **Die richtigen Leute einstellen:** Wenn du die Chance hast, dein Team zu erweitern, mach dir bewusst, welche Aufgaben delegiert werden

sollen und welche Talente fehlen. Im Zweifel ist es wichtiger jemanden mit der passenden Haltung an Bord zu holen, als mit der richtigen Kompetenz. Kompetenz wächst schneller, als dass sich ein Mindset verändern lässt.

Ergänzende Arbeitsmaterialien online unter:
www.susanneklein.coach/starke-unternehmerin

Geh deine
Veränderung an!

Es wäre doch schön, wenn wir all die guten Dinge und Gewohnheiten mit einem Fingerschnipp in unser Leben holen könnten. Zu wissen, was uns guttäte, ist schon mal ein großer Schritt in eine zufriedenere Zukunft – mit einem höheren Happiness-Level und mehr Wohlbefinden. Allerdings bekommen wir es immer wieder mit unserem „inneren Schweinehund" zu tun, der einfach jeden Trick kennt, um uns von unseren Vorsätzen abzubringen.

Tipps zur Umsetzung

Wenn du dir fest vorgenommen hast, eine Gewohnheit zu ändern und durch bessere Routinen zu ersetzen, ist es wichtig zu erkennen, welchen Nutzen du aus der alten Gewohnheit gezogen hast, was sozusagen deine Belohnung ist. Wenn du beispielsweise eine Zigarettenpause vor der Tür machst, könnte darin die Belohnung verborgen sein, dass du eine Denkpause bekommst und deine Kolleginnen und Kollegen vor der Tür triffst. Dann ist die Frage, auf welche Weise du sonst noch zu genau dieser Belohnung kommen könntest, z. B. häufiger die Kaffeeküche zu besuchen oder dich mit Kolleginnen zu einem kurzen Spaziergang zu verabreden.

Meist sind unsere Gewohnheiten an einen bestimmten Auslöser geknüpft: eine Uhrzeit, einen Ort, ein Gefühl, eine Person oder an eine bestimmte Handlung. Mit ein wenig Selbst-Beobachtung kommst du dir hier auf die Schliche. Und dann ist ein konkreter Plan hilfreich: Wenn …, dann …!

Um eine neue Gewohnheit zu etablieren, kann es dir helfen, sie an eine alte Gewohnheit anzuknüpfen. Nehmen wir einmal an, dass es zu deinem Ritual gehört, dir nach Feierabend als allererstes ein schönes Glas Wein zu gönnen. Das wäre dann deine alte bereits etablierte Gewohnheit. Andererseits würde deine Wohnung sehr davon profitieren, wenn es dir regelmäßig – am besten täglich fünf Minuten – gelingen würde aufzuräumen, damit du nicht jedes Wochenende Herrin über das totale Chaos werden musst.

Der Trick wäre jetzt, dir abends wie immer als allererstes dein Glas Wein einzuschütten. Doch bevor du es trinken darfst, räumst du noch fünf Minuten auf. Deine neue Gewohnheit ist dann an eine alte angeknüpft – und dein Glas Wein schmeckt dann noch mal so gut!

Wer schreibt, der bleibt!, oder: Von der Hand in den Verstand!

Ziele aufzuschreiben oder durch Bilder und Collagen zu visualisieren, hilft dem Gehirn auf die Sprünge. Deine visualisierten Ziele führen dir immer wieder vor Augen, warum es sich morgens lohnt, aufzustehen und sich auf den Weg zu machen.

Je klarer dir deine Ziele sind, desto einfacher fällt es dir, Wege dorthin zu finden. Du machst deinem Gehirn klar, dass du Hilfe brauchst, und schärfst deine Wahrnehmung für solche Informationen, die dich deinen Zielen näherbringen. Du programmierst dich sozusagen selbst. Probiere es mal aus. Schreibe deine Ziele auf und beschreibe möglichst ausführlich, realistisch und greifbar, wie es sein wird, deine Ziele erreicht zu haben. Damit verinnerlichst du, was dir wirklich wichtig ist. (vgl. Kapitel „Kennst du dein persönliches „Warum"?)

21-Tage-Regel

Auch wenn uns unsere Ziele klar sind, wir uns Strategien überlegt haben, um sie zu erreichen, und wissen, was wir verändern wollen: Der Mensch ist ein Gewohnheitstier. Viele alltägliche Abläufe und Verhaltensweisen haben wir so verinnerlicht, dass sie automatisch ablaufen. Möchten wir eine Gewohnheit verändern, erfordert das von uns höchste Konzentration und Energie. Um sich etwas wirklich an- oder abzugewöhnen, ist es wie gesagt gut, bewusst eine Verhaltensweise anzunehmen, die besser für uns ist. Das Gehirn muss verstehen, dass wir ab sofort etwas anders machen möchten.

Der Trick ist: Wenn wir es schaffen, über eine bestimmte Zeitspanne hinweg eine neue Verhaltensweise an den Tag zu legen, dann ist das Gehirn „umprogrammiert". Ob es tatsächlich 21, 28, 30 oder 66 Tage dauert, darüber streiten sich allerdings die Geister. Wenn du z. B. morgens eine Zeit lang als erstes meditierst, Sport treibst oder gesunde Snacks wie Möhren und Tomaten für das Büro vorbereitest, dann ist diese neue Verhaltensweise dein neues Normal. Dann musst du darüber genauso wenig nachdenken wie über das Zähneputzen am Morgen. (vgl. Kapitel „Mit deinem Mindset fängt alles an")

Sekunden-Regel

Ich habe noch einen Trick, wie wir unser Gehirn überlisten können: Die Sekunden-Regel! Wenn du morgens um 6 Uhr erst einmal darüber nachgrübeln musst, ob du tatsächlich joggen gehen möchtest, wird sich dein Gehirn – oder dein innerer Schweinehund – sehr wahrscheinlich für das warme Bett entscheiden. Rückst du aber die Dinge, die du für dein Vorhaben benötigst, in dein Blickfeld, fällt es dir leichter, diese ersten Sekunden des Zögerns zu überwinden und einfach los zu starten. Zum Beispiel: Stell dir deine Joggingschuhe schon abends direkt vor das Bett. Und geh in deinen frischen Joggingklamotten schlafen.

Diese Übung funktioniert übrigens auch umgekehrt. Du kannst dich von lästigen Angewohnheiten befreien, wenn du es dir kompliziert machst, an etwas heranzukommen. – Verstecke die Süßigkeiten im Keller.

Aller Anfang ist schwer

Der erste Schritt ist immer der, für den du die größte Kraft aufwenden musst. Bis du eine neue Routine entwickelt hast, kann viel passieren. Wie gesagt: Dein innerer Schweinehund kennt alle Tricks!

Und bis dahin, ...

- ❑ sei gnädig mit dir,
- ❑ stell nicht direkt alles in Frage,
- ❑ statt ganz oder gar nicht, lieber öfter mal ein bisschen,
- ❑ mach am nächsten Tag einfach weiter,
- ❑ bleib gelassen und kalkuliere das Scheitern mit ein,
- ❑ erlaube dir menschlich zu sein.

Deine „Speisekarte" zum Buffet

In dieser Übersicht habe ich dir alle Impulse aus den einzelnen Kapiteln zusammengestellt, aus denen du dir, je nach Geschmack, ein oder zwei Häppchen aussuchen kannst, um sie auch tatsächlich anzugehen. Finde heraus, welche Gewohnheiten du aus welcher Motivation heraus ändern möchtest oder schau, welcher Impuls dich in deiner jetzigen Situation besonders anspricht und weiterbringen kann.

Mit deinem Mindset fängt alles an

- ❑ Active Agent
- ❑ 21-Tage-Challenge „Complaint free"
- ❑ Dankbarkeitstagebuch
- ❑ Erfolgstagebuch
- ❑ Drei gute Dinge
- ❑ Umgib dich mit schönen Dingen
- ❑ Nachrichtenquellen bewusst wählen

Kennst du dein persönliches „Warum"?

- ❑ Museum des Lebens
- ❑ Blick zurück aus der Zukunft
- ❑ Lebensrad
- ❑ Morgenroutinen entwickeln
- ❑ Vision Board / Zielcollage
- ❑ 25-Jahres-Plan entwerfen
- ❑ Wenn ich mehr Zeit hätte ...

Setze deine Stärken bewusst ein

- ❑ Selbstreflektion in vier Schritten
- ❑ Lob bewusst wahrnehmen
- ❑ Stärken-Feedback einholen
- ❑ StrengthsFinder Test
- ❑ VIA-Charakterstärken Test
- ❑ Flow-Erfahrungen

Haushalte gut mit deiner Energie!

- ❑ Stress zum Freund machen
- ❑ Fünf Tipps für optimalen Schlaf
- ❑ Regelmäßig Meditieren
- ❑ Hoch intensives Intervalltraining
- ❑ Mehr Bewegung im Alltag
- ❑ Fünf Tipps zur Ernährung
- ❑ Intervallfasten
- ❑ Positive Emotionen bewusst ins Leben holen

Verbessere deine Beziehungen

- ❑ Drei Komponenten des Selbst-Mitgefühls
- ❑ Vier Komponenten der Selbst-Fürsorge
- ❑ Umgang mit „schwierigen" Menschen
- ❑ Aktiv-konstruktiv Zuhören
- ❑ Fördern und Fordern
- ❑ Grenzen ziehen

Die Zeit ist reif!

Du brennst für dein Thema und möchtest endlich loslegen? Dann wage den Sprung in deine neue Lebensphase und enthalte deinen potentiellen Kunden nicht länger deine Expertise vor. Zeig der Welt, was du zu bieten hast!

Ein chinesisches Sprichwort lautet: Auch der weiteste Weg beginnt mit dem ersten Schritt! Was für das Reisen gilt, lässt sich aus meiner Sicht auch gut auf unsere persönliche Entwicklung übertragen.

Mit diesem Buch habe ich mir einen lang gehegten Traum erfüllt – es ist mein erster Schritt in eine neue Rolle als Autorin. Ich freue mich, wenn dich dieses Buch motiviert, ein glücklicherer, zufriedenerer und gesünderer Mensch zu sein und wenn dir dadurch dein erster oder nächster Schritt in Richtung Selbstständigkeit klarer geworden ist.

Suchst du noch weitere Unterstützung auf deinem Weg in die Selbstständigkeit, dann schau gerne auf meiner Webseite www.susanneklein.coach vorbei. Neben meinen vertiefenden Webinaren zu den Themen aus diesem Buch stehe ich dir auch gerne persönlich als Mindset-Coach zur Seite.

Lass dein Licht leuchten. Ich wünsche dir von Herzen viel Erfolg!

Deine

Susanne Klein

Anhang

Literaturverzeichnis

Babyak, Michael A. /Blumenthal, James A./Herman, S./et al: Exercise treatment for major depression: maintenance of therapeutic benefit at 10 months, in: Psychosom Med., 62(5), 2000, DOI: 10.1097/00006842-200009000-00006

Becker-Carus, Christian/ Wendt, Mike: Allgemeine Psychologie. Eine Einführung, Berlin: Springer-Verlag, 2017

Blumenthal, James A./Babyak, Michael A./Doraiswamy P. Murali/et al: Exercise and pharmacotherapy in the treatment of major depressive disorder, in: Psychosom Med., 69(7), 2007 DOI:10.1097/PSY.0b013e318148c19a

Buckingham, Marcus/Clifton, Donald O: Entdecken Sie Ihre Stärken jetzt! Das Gallup-Prinzip für individuelle Entwicklung und erfolgreiche Führung, Frankfurt am Main/New York: Campus-Verlag, 2011

Diener E, Seligman ME. Very happy people. Psychol Sci. 2002 Jan;13(1):81-4. doi: 10.1111/1467-9280.00415. PMID: 11894851. www.pubmed.ncbi.nlm.nih.gov/11894851/

Fredrickson, Barbara L: Die Macht der guten Gefühle: wie eine positive Haltung ihr Leben dauerhaft verändert, Frankfurt am Main/New York: Campus Verlag, 2011

Hüther, Gerald: Was sind wir und was wir sein könnten, Frankfurt am Main: Fischer, 2011

Hyatt, Michael: The Vision-Driven Leader, 10 Questions to focus your questions, energize your team, and scale your business, Grand Rapids, MI: Baker Books, 2020

Jeffers, Susan: Feel The Fear And Do It Anyway: How to Turn Your Fear and

Indecision into Confidence and Action, Santa Monica, CA: Jeffers Press, 2007, eBook

Linley, Alex/Willard, Jane/Biswas-Diener, Robert: The Strengths Book: Be Confident, Be Successful, and Enjoy Better Relationships by Realising the Best of You, Covenrty: CAPP PRESS, 2010

Lyubomirsky, Sonja: The How of Happiness: A New Approach to Getting the Life You Want, New York City: Penguin Books, eBook, 2008

Niemiec, Ryan M: Charakterstärken – Trainings und Interventionen für die Praxis, Bern: Hogrefe, 2019

Rosenberg, Marshall B: Gewaltfreie Kommunikation: eine Sprache des Lebens; gestalten Sie Ihr Leben, Ihre Beziehungen und Ihre Welt in Übereinstimmung mit Ihren Werten, Paderborn: Junfermann, 2004

Schulz von Thun, Friedemann, Miteinander reden, 2, Stile, Werte und Persönlichkeitsentwicklung, Reinbek: Rowohlt, 2005

Seligman, Martin: Flourish – Wie Menschen aufblühen: Die Positive Psychologie des gelingenden Lebens, München: Kösel-Verlag, 2012

Vester, Fredric: Denken, Lernen, Vergessen. Was geht in unserem Kopf vor, wie lernt das Gehirn, und wann lässt es uns im Stich?, München: dtv

Williamson, Marianne: Rückkehr zur Liebe: Harmonie, Lebenssinn und Glück durch „Ein Kurs in Wundern", München: Goldmann, 2016

Linkliste

Bowens, Will: Vortrag zu seinem Konzept:
https://youtu.be/AYHP0VzYKQU (in Englisch)

Bowens, Will:
www.willbowen.com

Gallup: Link zum Test:
https://www.gallup.com/cliftonstrengths/de/home.aspx

Gallup:
www.gallup.com/cliftonstrengths/de/253739/CliftonStrengths-Bereiche.
aspx#ite-262064

Gallup:
www.gallup.com/cliftonstrengths/de/253826/CliftonStrengths-für-Teams.
aspx

LeBron, James:
https://nypost.com/2016/03/23/lebron-plots-of-teaming-with-carmelo-in-nba-mega-foursome/

McGonigal, Kelly:
www.ted.com/talks/kelly_mcgonigal_how_to_make_stress_your_friend

Neff, Kristin Dr.: The Three Components of Self-Compassion,
www.youtube.com/watch?v=11U0h0DPu7k

Ragan, Trevor: Growth Mindset vs. Fixed Mindset
https://youtu.be/75GFzikmRY0 (in Englisch)

Simons, Daniel: The Monkey Business Illusion:
https://youtu.be/IGQmdoK_ZfY

Strelecky, John: Video "Das Museum des Lebens":
https://youtu.be/2dR\EDhKK7pM

VIA Charakterstärken Test:
www.viacharacter.org/survey/account/register

von Hirschhausen, Eckart: Mach es wie der Pinguin:
https://www.youtube.com/watch?v=tOxywMaE8GY (Youtube Video)

Waldinger, Robert:
www.ted.com/talks/robert_waldinger_what_makes_a_good_life_lessons_
from_the_longest_study_on_happiness

Ware, Bronnie
https://bronnieware.com/

Wikipedia:
https://de.wikipedia.org/wiki/Priming_(Psychologie)

Woodward, Ella:
www.deliciouslyella.com/podcast/morning-routines/

Woodward, Ella:
www.deliciouslyella.com/podcast/why-we-sleep-with-matthew-walker/

Abbildungsverzeichnis

Danksagung

Ich bin sehr dankbar dafür, dass es das Leben so gut mit mir meint! Nicht dass ich es immer leicht gehabt hätte, doch war am Ende immer alles für irgendwas gut: „Selten Schaden ohne Nutzen!" – mein Lebensmotto!

Ich danke Dr. Silke Göddertz und Dr. Oliver Haas, die das Thema der Positiven Psychologie in unser Unternehmen und damit in mein Leben gebracht haben. Und ich danke Yvonne von de Finn, meiner letzten Chefin, die mir grenzenlos vertraut hat und unser Thema gut unterstützte. Besonders erwähnen möchte ich auch meine Kolleginnen Elisabeth Cartolaro und Christin Gedik, mit denen ich die #youmatter-Seminare und Team-Prozesse entwickelt und durchgeführt habe. Es war mir eine große Freude mit euch! Danke!

Bei der Entwicklung des Manuskripts haben mich mein Redakteur Michael Praschma und meine ersten Beta-Leserinnen Hanna Waldschmidt, Karola Rüttiger, Marie Macke sehr unterstützt. Ich danke Euch für euer konstruktives Feedback und für jeden Fehler, den ihr gefunden habt. Mein besonderer Dank geht an meine Lektorin, Birgit Lambert! Sie hat mit sehr viel Ausdauer und Sorgfalt das Buchmanuskript geprüft und viele hilfreiche Anregungen zur weiteren Verbesserung gegeben.

Auch meinem Mann Alexander Klein und unseren Töchtern Pia Brand und Paula Klein danke ich von Herzen. Ohne eure Unterstützung und Inspiration wäre das Buch wohl gar nicht entstanden. Wenn wir vier zusammen sind, ist mein Glück komplett! Ich liebe euch! Mein Glück vergrößert sich noch durch unsere beiden Enkel Mathilda und Anton. Ich genieße die Zeit mit euch und möchte noch sehr lange für euch da sein!

Danken möchte ich auch der weiteren Familie und meinem Kölner Freundeskreis. Ihr gebt mir immer das Gefühl der Verbundenheit, sodass ich über mich hinauswachsen kann.

Und ich danke meinen Leserinnen, deren Feedback meine Arbeit bereichert und mein nächstes Buch noch besser macht!

Über die Autorin

Das Thema „Positive Psychologie" lässt Susanne Klein seit 2018 nicht mehr los. Als interne Trainerin und Coach konzipierte sie für ihren damaligen Arbeitgeber Workshops, Teamprozesse, Webinare und eLearnings, um die Erkenntnisse dieser jungen Wissenschaft möglichst vielen Kolleginnen und Kollegen zugänglich zu machen.

Darüber hinaus begleitet Susanne Klein seit 2006 als systemischer Mindset-Coach ihre Kunden auf dem Weg zu mehr Zufriedenheit und Erfolg. Mit knapp 30 Jahren Berufserfahrung als Angestellte startet sie in ihrem Vorruhestand jetzt noch mal richtig durch.

Privat lebt sie mit ihrem Mann in der Nähe von Köln und freut sich, ihre Töchter und Enkelkinder in ihrer Nähe zu haben und das positive Mindset an die nächste und übernächste Generation weitergeben zu können.

Danke schön!

Danke, dass du mein Buch gelesen hast!

Ich weiß dein Feedback wirklich sehr zu schätzen und interessiere mich, was du zu sagen hast. Mit deinen Anregungen kann ich die nächste Version dieses Buches und meine zukünftigen Bücher verbessern. Bitte hinterlasse mir eine hilfreiche Rezension bei Amazon oder einer beliebigen Plattform deiner Wahl und lass mich wissen, was du von dem Buch hältst.

Herzlichen Dank!!
Susanne Klein

Willst du ein eigenes Buch schreiben?

Die Self-Publishing-School hat mir geholfen, und ich weiß, dass sie dir helfen kann!

Selbst wenn du sehr beschäftigt bist, glaubst nicht so gut schreiben zu können oder nicht weißt, wo du anfangen sollst, kannst du einen Bestseller schreiben und dein bestes Leben darauf aufbauen.

Mit Werkzeugen und Erfahrungen in einer Vielzahl von Nischen und Branchen ist die Self-Publishing-School die einzige Ressource, die du brauchst, um dein Buch zu schreiben und bis zur Ziellinie zu bringen.

Für einen Rabatt, folge einfach diesem Link:
https://self-publishingschool.com/friend/